2025년 6월 21일 시행

지방공무원 9급 공개경쟁채용 필기시험

사회복지직

응시번호

성명

문제책형

【 시 험 과 목 】

사회복지학개론

제1회~제10회 실전 대비 모의고사

응시자 주의사항

1. **시험시작 전 시험문제를 열람하는 행위나 시험종료 후 답안을 작성하는 행위를 한 사람**은 지방공무원 임용령 제65조 등 관련 법령에 의거 부정행위자로 처리됩니다.

2. 시험이 시작되면 문제를 주의 깊게 읽은 후, **문장의 취지에 가장 적합한 하나의 정답만을 고르며**, 문제 내용에 관한 질문은 할 수 없습니다.

3. **답안은 문제책 표지의 과목 순서에 따라 답안지에 인쇄된 순서에 맞추어 표기**해야 하며, 과목 순서를 바꾸어 표기한 경우에도 **문제책 표지의 과목 순서대로 채점**되므로 유의하시기 바랍니다.

4. **답안을 잘못 표기하였을 경우에는 답안지를 교체하여 작성하거나 수정테이프만을 사용하여 수정**할 수 있으며, 부착된 수정테이프가 떨어지지 않도록 눌러주어야 합니다.

5. **시험시간 관리의 책임은 응시자 본인에게 있습니다.**

※ 문제책은 시험종료 후 가지고 갈 수 있습니다.

이 안내문은 예시이므로 실제와 다를 수 있습니다.

사회복지학개론 제1회

1. 신자유주의 이념에서 강조하는 내용이 아닌 것은?
① 시장에 대한 규제의 완화
② 민영화와 복지다원주의
③ 노동의 유연성
④ 공공복지의 확대

2. 제도와 재분배 효과의 연결이 옳지 않은 것은?
① 적립방식의 공적연금 - 장기적 재분배
② 부과방식의 공적연금 - 세대 간 재분배
③ 아동수당제도 - 수직적 재분배
④ 노인장기요양보험제도 - 세대 간 재분배와 수평적 재분배

3. 사회복지실천의 목적으로 가장 옳지 않은 것은?
① 사회정의와 클라이언트의 사회적 기능을 향상시킨다.
② 개인과 환경 간 역기능적인 상호작용을 해소한다.
③ 클라이언트에게 필요한 자원이나 기회를 연계한다.
④ 사회복지사가 주도적으로 클라이언트의 문제를 대신 해결해준다.

4. 다음에서 제시하는 사례는 어떤 윤리적 갈등 유형에 해당하는가?

> 노인은 가정에서 생활하고 싶어 하지만, 노인의 보호자는 돌봄 부담을 이유로 노인의 노인요양시설 입소를 원할 경우, 사회복지사는 노인의 자기결정권을 존중해야 하지만, 보호자의 현실적인 어려움도 고려해야 하는 딜레마에 직면하게 된다.

① 가치의 상충
② 충성심과 역할 상충
③ 클라이언트체계의 다중성
④ 힘 또는 권력의 불균형

5. 인보관 운동과 자선조직협회에 대한 설명으로 옳지 않은 것은?
① 자선조직협회는 자선활동을 보다 효율적이고 과학적으로 체계화하고자 했다.
② 인보관 운동은 빈곤지역에 들어가 빈민들과 함께 살아가며 생활환경을 개선하고자 하였다.
③ 세계 최초의 자선조직협회와 인보관 운동은 19세기 후반 영국에서 시작되었다.
④ 자선조직협회는 민간차원의 구빈활동이고, 인보관 운동은 공공차원의 구빈활동이다.

6. 「아동복지법」상 아동복지시설 중 보호대상아동을 입소시켜 보호, 양육 및 취업훈련, 자립지원 서비스 등을 제공하는 것을 목적으로 하는 시설은?
① 아동일시보호시설
② 아동양육시설
③ 아동보호전문기관
④ 자립지원시설

7. 사회복지사의 역할을 옳게 설명한 것만을 모두 고르면?

> ㄱ. 조력자 – 다양한 서비스 제공기관과의 협력을 통해 서비스가 보다 체계적으로 제공될 수 있도록 조직화한다.
> ㄴ. 조정자 – 갈등을 겪고 있는 당사자들이 원만하게 합의할 수 있도록 돕는다.
> ㄷ. 중개자 – 클라이언트에게 필요한 서비스를 연결해 준다.
> ㄹ. 옹호자 – 부당하게 권리 침해를 당하는 클라이언트를 위해 이들의 입장을 대변하고 부당한 침해의 철회를 위해 활동한다.

① ㄱ, ㄴ
② ㄴ, ㄹ
③ ㄷ, ㄹ
④ ㄱ, ㄴ, ㄷ

8. 사회복지조직의 특징으로 옳지 않은 것은?
① 조직의 목표에 대한 구체적인 합의가 어렵고 목표가 추상적이다.
② 인본주의 가치를 지향한다.
③ 다른 조직에 비해 환경의 영향을 별도 받지 않는다.
④ 조직의 성과에 대한 객관적인 증명이 어렵다.

9. 우리나라의 노후소득보장제도에 대한 설명으로 옳지 않은 것은?
① 노후소득보장제도는 국민이 노후에도 안정적인 소득을 유지할 수 있도록 마련된 제도적 장치로, 공적인 연금제도뿐만 아니라 개인연금과 같은 사적 연금제도를 포함하여 구성된다.
② 공적인 노후소득보장제도는 사회보험 방식으로 운영되며 공공부조제도는 포함되지 않는다.
③ 국민연금은 노령뿐만 아니라 장애와 사망에 대한 연금급여도 지급한다.
④ 기초연금은 비기여-자산조사 방식의 노후소득보장제도이다.

10. 반두라(A. Bandura)의 사회학습이론에 대한 설명으로 옳지 않은 것은?
① 행동 학습의 핵심 원리로 강화와 처벌을 제시했다.
② 인간은 스스로 행동을 규제할 수 있다고 보았다.
③ 인간의 행동을 개인·행동·환경 간 상호작용의 결과로 보았다.
④ 행동의 학습 과정에서 인지의 역할을 강조했다.

11. 국민기초생활보장제도에 대한 설명으로 옳지 않은 것은?
① 보충성의 원칙에 따라 개별가구의 소득인정액이 기준 중위소득의 일정 비율 이하인 경우 급여를 지급한다.
② 근로능력이 있는 수급자의 경우 자활사업 참여를 조건으로 생계급여를 받을 수 있다.
③ 급여의 종류에는 생계급여, 의료급여, 주거급여, 교육급여, 해산급여 등이 포함된다.
④ 생계급여는 가구의 소득과 관계없이 동일한 금액이 지급된다.

12. 사회복지정책 발달 이론에 대한 설명으로 옳은 것만을 모두 고르면?

> ㄱ. 산업화이론에서는 국가의 정치이념과 관계없이 산업화 정도가 비슷한 국가들은 사회복지 발달 정도도 비슷하게 수렴된다고 본다.
> ㄴ. 권력자원이론에서는 사회복지정책의 발달을 제한된 자원의 배분을 둘러싼 이익집단 간 경쟁의 결과로 본다.
> ㄷ. 국가중심이론에서는 행정 관료의 자기이익 추구행위 및 국가조직의 형태와 구조가 사회복지정책의 발달에 영향을 미친다고 본다.
> ㄹ. 시민권이론에서는 사회복지정책의 발달을 시민권 확대의 결과로 본다.

① ㄱ, ㄹ
② ㄴ, ㄷ
③ ㄱ, ㄷ, ㄹ
④ ㄱ, ㄴ, ㄷ, ㄹ

13. 다음 사례에서 공통적으로 사용된 사회복지실천기술은?

> ○ "많이 힘드셨겠어요. 그런 상황이라면 누구라도 그렇게 느꼈을 겁니다."
> ○ "그런 일이 있었군요. 정말 걱정되고 어떻게 해야 할지 고민이 많았겠어요."
> ○ "믿었던 친구에게 그런 일을 당했다니 정말 황당하고 화가 났을 것 같네요."

① 일반화
② 공감
③ 환언
④ 해석

14. 사회복지급여 형태 중 증서(voucher)의 장점에 해당하지 않는 것은?

① 현물급여보다 수급자의 선택권이 확대될 수 있다.
② 현금급여보다 특정 용도로 사용을 유도할 수 있다.
③ 재정을 공급자에게 직접 지원하는 방식보다 서비스 공급자 간 경쟁을 유도하여 서비스의 질을 향상시킬 수 있다.
④ 현금급여보다 운영상의 경비를 경감할 수 있다.

15. 다음 조건을 모두 만족하는 조사설계는?

> ○ 조사대상자 100명을 무작위할당으로 실험집단과 통제집단에 각각 50명씩 배정한다.
> ○ 검사효과(testing effect)가 개입되지 않도록 통제한다.

① 통제집단 사전사후검사 설계
② 통제집단 사후검사 설계
③ 비동일 통제집단 설계
④ 단순 시계열 설계

16. 사회복지실천의 기록에 대한 설명으로 옳은 것은?

① 클라이언트의 관점은 배제하고 최대한 객관적이고 중립적으로 기록하여야 한다.
② 사회복지사가 관찰한 사실적 사항과 사회복지사의 견해나 해석을 구분하여 기록한다.
③ 정확하고 상세한 기록을 위해 클라이언트와의 면담 중 최대한 많은 내용을 기록해야 한다.
④ 클라이언트가 면담에 솔직하게 임할 수 있도록 기록에 대해 사전에 고지하지 않는 것이 좋다.

17. 최근 우리나라의 노인복지 관련 주요 쟁점에 대한 설명으로 옳지 않은 것은?

① 노인인구가 전체인구의 15%가 넘는 초고령사회(super-aged society)에 진입함에 따라 노인복지 수요가 크게 증가하였다.
② OECD 국가 중 노인빈곤율이 가장 높아 노인의 경제적 자립을 지원하기 위한 일자리 제공과 소득 보장 정책의 강화가 필요하다.
③ 고령화로 인한 만성질환 증가에 대응하기 위한 의료 서비스 접근성과 질 향상이 중요하다.
④ 노후소득보장을 위한 연금제도의 재정적 안정성과 지속가능성 확보가 중요하다.

18. 다음 법령을 먼저 제정된 것부터 옳게 나열한 것은?

> ㄱ. 「노인장기요양보험법」
> ㄴ. 「장애인연금법」
> ㄷ. 「국민건강보험법」
> ㄹ. 「기초연금법」

① ㄱ - ㄷ - ㄹ - ㄴ
② ㄴ - ㄷ - ㄱ - ㄹ
③ ㄷ - ㄱ - ㄴ - ㄹ
④ ㄷ - ㄱ - ㄹ - ㄴ

19. 사회복지사업법령상 사회복지관의 3대 기능 중 사례관리 기능에 해당하는 사업이 아닌 것은?

① 자원개발 및 관리
② 서비스 연계
③ 사례발굴
④ 사례개입

20. 윌렌스키와 르보(Wilensky & Lebeaux)가 구분한 사회복지의 잔여적 개념과 제도적 개념에 대한 설명으로 옳은 것은?

① 잔여적 개념에서 개인은 기본적으로 가족과 시장을 통해 욕구를 충족한다.
② 제도적 개념은 보수주의 이념과 맥락을 같이 한다.
③ 잔여적 개념에서는 빈곤이나 실업과 같은 사회문제가 발생하는 주된 원인이 사회구조에 있다고 본다.
④ 제도적 개념에서는 사회복지제도를 사회의 유지 및 발전에 필수적인 사회제도라고 간주하지 않는다.

사회복지학개론 제2회

1. 서구 사회복지의 발달과정에 대한 설명으로 옳지 않은 것은?
① 영국은 17세기 초에 빈민구제에 대한 국가의 책임을 처음으로 인정하였다.
② 세계 최초의 자선조직협회는 18세기 후반 미국에서 최초로 설립되었다.
③ 국가 주도 사회보험제도는 19세기 후반 독일에서 최초로 도입되었다.
④ 20세기 중반 영국에서는 복지국가의 청사진을 제시한 베버리지 보고서가 제출되었다.

2. 사회복지실천의 과정 중 사정(assessment) 단계에서 수행하는 활동으로 적절한 것은?
① 클라이언트의 문제와 욕구를 규명하여 어떤 개입이 필요할지에 대한 함의를 도출한다.
② 클라이언트와 계약을 체결한다.
③ 클라이언트의 문제해결을 위한 개입을 수행한다.
④ 개입의 효과를 평가한다.

3. 에스핑-엔더슨(G. Esping-Andersen)의 복지국가 유형 중 조합주의 복지국가에 대한 설명으로 옳은 것은?
① 탈상품화의 정도가 제한적이다.
② 공공부조 프로그램을 상대적으로 중시한다.
③ 대표적인 국가로 스웨덴과 덴마크를 들 수 있다.
④ 복지 혜택이 직업·계층과 관계없이 균일하게 지급된다.

4. 공공부조제도에 대한 설명으로 옳지 않은 것은?
① 위험분산의 원리에 따른 상호부조의 성격이 강하다.
② 일정 수준 이하의 소득계층을 대상으로 하는 선별적 복지제도이다.
③ 공공부조의 수급권은 자산조사 결과에 따라 결정된다.
④ 수급자의 근로동기를 약화시킬 수 있다.

5. 롤스(J. Rawls)의 사회정의론에 대한 설명으로 옳지 않은 것은?
① 정의의 원칙을 도출하는 공정한 절차를 보장하기 위한 장치로 원초적 입장(original position)이라는 개념을 제시했다.
② 최소극대화원칙(maximin rule)에 따른 정의의 원칙에 합의할 수 있다고 보았다.
③ 정의의 제1원칙은 차등의 원칙이다.
④ 롤스가 도출한 정의의 원칙은 차등의 원칙, 공정한 기회균등의 원칙, 평등한 자유의 원칙이다.

6. 사회복지 이념에 대한 설명으로 옳은 것은?
① 밝고 약한 녹색주의는 무질서한 착취로부터의 환경 보호를 위해 경제성장과 소비를 멈출 것을 주장한다.
② 페미니즘은 가부장적인 복지국가를 비판하면서도 양성평등을 위한 사회복지정책의 역할을 인정하는 등 복지국가에 대해 양면적인 태도를 보인다.
③ 신자유주의는 일체의 국가 역할을 반대한다.
④ 제3의 길은 결과의 평등을 강조한다.

7. 우리나라 사회복지의 역사에 대한 설명으로 옳지 않은 것은?
① 최저임금제도와 국민연금제도는 같은 해에 시행되었다.
② 1960년대에는 생활보호제도, 산업재해보상보험제도, 공무원연금제도 등이 시행되었다.
③ 1990년대에는 고용보험제도, 사회복지공동모금제도, 사회복지시설 평가제도 등이 시행되었다.
④ 2000년대에는 국민기초생활보장제도, 노인장기요양보험제도, 아동수당제도 등이 시행되었다.

8. 다음에서 설명하는 정책결정모형은?

> ○ 합리적 요소와 초합리적 요소를 바탕으로 한 질적 모형이다.
> ○ 체계론적 시각에서 정책성과를 최적화하려는 정책결정모형이다.
> ○ 정책결정 과정에서 실현 가능성이 낮다는 비판이 있다.

① 혼합모형
② 점증모형
③ 최적모형
④ 쓰레기통모형

9. 길버트와 테렐(Gilbert & Terrell)이 제시한 사회복지정책의 네 가지 분석틀에 해당되지 않는 것은?
① 할당체계
② 급여체계
③ 재정체계
④ 성과체계

10. 현행 「정신건강증진 및 정신질환자 복지서비스 지원에 관한 법률」에서 규정하는 정신건강증진시설이 아닌 것은?
① 정신병원
② 정신요양시설
③ 재활훈련시설
④ 사회복귀시설

11. 한국 사회복지사 윤리강령에 대한 설명으로 옳지 않은 것은?
① 사회복지사는 다양한 문화의 강점을 인식하고 존중하며, 문화적 역량을 바탕으로 사회복지를 실천한다.
② 사회복지사는 업무와 관련해 경제적 이득을 취해서는 안 된다.
③ 사회복지사는 전문가로서의 품위와 자질을 유지하고, 자신이 맡고 있는 업무에 대해 책임을 진다.
④ 사회복지사는 클라이언트가 자신과 관련된 기록의 공개를 요구하면 정당한 비공개 사유가 없는 한 정보에 접근할 수 있도록 해야 한다.

12. 사회복지실천의 1차 현장이면서 생활시설은?
① 청소년쉼터
② 아동보호전문기관
③ 장애인복지관
④ 주간보호시설

13. 다음 내용은 콤튼과 갤러웨이(Compton & Galaway)의 6체계 모델에서 어떤 체계에 해당하는가?

> ○ 사회복지법인과 사회복지시설 종사자에 대한 보수교육
> ○ 한국사회복지사협회
> ○ 한국사회복지관협회
> ○ 사회복지전문직의 가치
> ○ 사회복지사 윤리강령

① 변화매개체계
② 행동체계
③ 전문가체계
④ 의뢰-응답체계

14. 비에스텍(Biestek)이 제시한 관계형성의 원칙에 대한 설명으로 옳은 것은?
① 개별화는 클라이언트마다 개별적인 독특성이 있다는 것을 인정하고 이해하여 개별 클라이언트를 원조하는 내용과 방법을 차별적으로 사용하는 것이다.
② 통제된 정서적 관여는 클라이언트가 자신의 감정을 자유롭게 표현하도록 돕는 것이다.
③ 수용은 클라이언트의 감정에 민감성을 가지고 그 감정을 공감적으로 이해하며 적절한 반응을 보이는 것이다.
④ 비심판적인 태도는 클라이언트의 문제나 욕구에 대해 객관적인 판단을 하지 않아야 한다는 것이다.

15. 과제중심모델에 대한 설명으로 옳은 것은?
① 특정 이론에 근거하지 않고 다양한 이론을 절충적으로 사용한다.
② 클라이언트의 표적문제 해결에 초점을 두며, 환경에는 개입하지 않는다.
③ 클라이언트의 자기결정권을 강조하기 위해 개입에 대해 비구조화된 접근을 한다.
④ 개입의 책무성을 높이기 위해 클라이언트의 표적문제가 해결될 때까지 장기적인 개입을 한다.

16. 로스만(J. Rothman)의 지역사회복지 실천모델에 대한 설명으로 옳지 않은 것은?
① 지역사회개발모델은 권력자(혹은 권력구조)를 협력자로 본다.
② 사회계획모델은 해결하고자 하는 지역문제에 따라 합의 또는 갈등을 변화전술로 사용한다.
③ 사회행동모델에서 사회복지사는 옹호자, 중개자, 중재자 등의 역할을 수행한다.
④ 지역사회개발모델에서는 사회복지실천의 대상자 범위를 억압받고 있는 주민에 한정한다.

17. 인간발달 및 행동에 대한 이론가와 주요 개념의 연결이 옳지 않은 것은?
① 매슬로우(A. Maslow) - 결핍욕구와 성장욕구
② 스키너(B. F. Skinner) - 동화와 조절
③ 융(C. Jung) - 집단무의식과 개인무의식
④ 반두라(A. Bandura) - 관찰학습과 자기강화

18. 사회투자국가(social investment state)의 특징으로 옳은 것은?
① 사회투자는 소득보장을 핵심으로 한다.
② 사회투자국가에서의 복지지출은 수익 창출을 지향해서는 안 된다.
③ 시민의 의무와 책임보다는 국가의 책임이 더 중요하다.
④ 경제정책과 사회정책의 통합성을 강조하지만 경제정책이 사회정책보다 우선한다.

19. 시장에서의 효율적 자원 배분을 저해하는 요인들 중 다음에서 설명하는 것은?

> 생산 또는 소비 과정에서 제3자에게 의도치 않은 혜택이나 피해를 초래하지만, 이에 대한 적절한 보상이 이루어지지 않는 문제

① 불완전 경쟁
② 외부효과
③ 위험발생의 상호의존성
④ 정보의 비대칭성

20. 단일사례설계의 유형 중 서로 다른 문제, 서로 다른 상황이나 대상자에 대해 AB설계를 적용하되, 각각의 문제, 상황 혹은 대상자 간에 서로 다른 기초선 기간을 둠으로써 내적 타당도를 높이는 것은?

① ABAB설계
② BAB설계
③ 다중요소설계
④ 다중기초선설계

사회복지학개론 제3회

1. 「청소년복지 지원법」상 청소년복지시설이 아닌 것은?
   ① 청소년쉼터
   ② 청소년일시보호시설
   ③ 청소년회복지원시설
   ④ 청소년치료재활센터

2. 최근 사회복지서비스 전달체계의 변화 경향에 대한 설명으로 옳지 않은 것은?
   ① 서비스 전달체계 내에서 온라인 플랫폼, AI, 빅데이터 등을 활용한 신청·관리·평가가 발전하고 있다.
   ② 정부뿐만 아니라 민간(비영리단체, 사회적기업, 자원봉사조직 등)과의 협력이 강화되고 있다.
   ③ 공급자 중심에서 벗어나 이용자의 욕구를 반영하는 방향으로 변화하고 있다.
   ④ 다양한 서비스를 통합적으로 제공하던 기존의 경향에서 보건, 고용, 주거 등 분야별 서비스를 제각각 분리하여 제공하는 경향이 증가하고 있다.

3. 사회복지실천의 전문적 관계의 특징으로 옳지 않은 것은?
   ① 의도적인 목적을 갖는 관계이다.
   ② 사회복지사가 자신과 원조 방식을 통제하는 관계이다.
   ③ 관계의 전반적인 과정에 대한 책임은 클라이언트에게 있다.
   ④ 시간제한적인 관계이다.

4. 공적연금의 재정운영 방식에 대한 설명으로 옳은 것만을 모두 고르면?

   ㄱ. 적립 방식은 장기적인 재분배 효과를 갖는다.
   ㄴ. 부과 방식은 적립 방식보다 인구 구조 변화의 영향을 더 많이 받는다.
   ㄷ. 적립 방식은 매년 연금 재정의 수입과 지출이 균형을 유지하도록 운영하는 것이 중요하다.
   ㄹ. 부과 방식은 적립 방식보다 제도 시행 초기에 급여 지급에 대한 재정 부담이 상대적으로 크다.

   ① ㄱ, ㄴ
   ② ㄷ, ㄹ
   ③ ㄱ, ㄴ, ㄷ
   ④ ㄴ, ㄷ, ㄹ

5. 사회복지정책의 급여 형태에 대한 설명으로 옳은 것만을 모두 고르면?

   ㄱ. 현물급여는 현금급여보다 정책목표에 부합한 소비를 유도할 수 있다.
   ㄴ. 바우처는 현금급여보다 운영효율성이 높다.
   ㄷ. 현금급여는 현물급여보다 급여의 수급 및 사용 과정에서 낙인을 더 유발한다.
   ㄹ. 현물급여는 현금급여보다 규모의 경제 효과가 크다.

   ① ㄱ, ㄹ
   ② ㄴ, ㄷ
   ③ ㄱ, ㄴ, ㄹ
   ④ ㄴ, ㄷ, ㄹ

6. 사회복지실천모델과 주요 개입기법의 연결이 옳지 않은 것은?
   ① 심리사회모델 – 발달적 고찰
   ② 해결중심모델 – 예외질문
   ③ 전략적 가족치료모델 – 역설적 지시
   ④ 다세대 가족치료모델 – 경계 만들기

7. 로마니쉰(Romanishyn)이 제시한 사회복지에 대한 인식의 변화 방향은?

① 제도적 개념에서 잔여적 개념으로
② 공공활동에서 자발적 자선으로
③ 사회개혁에서 개인 변화로
④ 빈민에 대한 복지에서 복지사회로

8. 다음은 어느 시대에 해당하는 내용인가?

> 이 시대의 창제도로는 의창(義倉)과 상평창(常平倉)이 있었다. 의창은 평상시에 곡물을 비축하였다가 흉년·전란 등의 비상시에 이재민들에게 대여하는 빈민구제기관이었다. 상평창은 곡물·포목과 같은 생활필수품의 가격이 저렴할 때 매입해 두었다가 그 값이 오를 때 낮은 가격으로 판매하는 기능을 수행하였다. 이러한 창제도의 운영에서 생기는 재원은 홀아비·고아·과부 등을 위한 구빈사업과 천재지변으로 인한 이재민을 구재하는 구빈사업의 두 가지 용도로 활용되었다.
> 창제도 이외에도 은면지제(恩免之制), 재면지제(災免之制), 환과고독구휼지제(鰥寡孤獨救恤之制), 수한역려진대지제(水旱疫癘賑貸之制), 납속보관지제(納粟補官之制)와 같은 다양한 구빈정책이 있었다.

① 고구려
② 신라
③ 고려
④ 조선

9. 방어기제에 대한 설명으로 옳은 것은?

① 방어기제는 불안을 감소하기 위해 초자아가 무의식적으로 작동시킨다.
② 분리(isolation)는 어떤 대상으로 향했던 충동적인 감정을 덜 위험하거나 편안한 대상에게 향하게 하여 긴장을 완화하는 방어기제이다.
③ 부정(denial)은 엄연히 존재하는 위험이나 불쾌한 현실의 존재 자체를 부정함으로써 그로 인한 불안을 회피하려는 방어기제이다.
④ 신체화(Somatization)는 심리적 갈등이 감각기관이나 수의근(隨意筋) 계통의 증상으로 표출되는 방어기제이다.

10. 조사설계의 타당도에 대한 설명으로 옳은 것은?

① 내적 타당도가 높을수록 변수 간의 인과관계를 보다 정확하게 추론할 수 있다.
② 표본의 크기가 크고 조사반응성이 높을수록 외적 타당도가 증가한다.
③ 내적 타당도가 높으면 외적 타당도도 높아진다.
④ 동일한 측정도구를 사용하여 사전검사와 사후검사를 실시하면, 통계적 회귀 효과가 발생하여 내적 타당도가 저해된다.

11. 사회보험에 대한 설명으로 옳은 것만을 모두 고르면?

> ㄱ. 공공부조보다 소득재분배 효과가 크다.
> ㄴ. 공공부조에 비해 재정에 대한 예측이 용이하다.
> ㄷ. 민간보험과 달리 개별적 형평성뿐만 아니라 사회적 적절성을 중시한다.
> ㄹ. 사회보험의 급여는 민간보험에 비해 물가상승에 따른 실질 가치를 반영하기 어렵다.

① ㄱ, ㄴ
② ㄴ, ㄷ
③ ㄱ, ㄹ
④ ㄴ, ㄷ, ㄹ

12. 다음의 사회복지정책들 중 기회의 평등이 반영된 것은?

① 드림스타트
② 국민기초생활보장
③ 국민연금
④ 아동수당

13. 복지국가를 다음과 같이 바라보는 이념은?

> ○ 복지국가는 자본의 요구에 따른 결과이다.
> ○ 복지국가는 자본주의체제를 영속화시켜 사회주의로의 이행을 방해한다.

① 소극적 집합주의
② 반집합주의
③ 페이비언 사회주의
④ 마르크스주의

14. 베버리지 보고서(Beveridge Report)에 대한 설명으로 옳지 않은 것은?

① 새로운 사회의 재건을 위해 제2차 세계대전이 종식된 직후 출간되었다.
② 국민최저선(national minimum)을 설정하여 모든 국민이 그보다 못한 삶에 처하지 않도록 하기 위한 국가의 사회보장시스템 구축에 대한 청사진을 제시했다.
③ 사회보장의 전제 조건으로 가족수당, 포괄적인 의료재활서비스, 완전고용을 제시했다.
④ 모든 사람이 소득과 관계없이 동일한 액수의 보험료를 부담하고, 동일한 급여를 받는 원칙을 제시했다.

15. 에스핑-앤더슨(G. Esping-Andersen)이 제시한 복지국가 유형의 비교로 옳지 않은 것은?

① 자유주의 복지국가는 조합주의 복지국가보다 탈상품화 수준이 낮다.
② 사회민주주의 복지국가는 조합주의 복지국가보다 사회복지정책이 사회통합을 강화하는 기능을 한다.
③ 스웨덴, 덴마크 등의 북유럽 스칸디나비아반도 국가들은 독일, 프랑스 등의 유럽대륙국가들보다 복지정책의 탈상품화 효과가 큰 경향이 있다.
④ 조합주의 복지국가는 사회민주주의 복지국가보다 여성의 노동시장 참여를 강조한다.

16. 선별적 복지의 특징에 해당하는 것만을 모두 고르면?

> ㄱ. 기여자와 수혜자를 구별하지 않는다.
> ㄴ. 보편적 복지에 비해 행정 업무가 간편하다.
> ㄷ. 목표효율성과 비용효과성이 높다.
> ㄹ. 보편적 복지에 비해 빈곤함정을 유발할 수 있다.

① ㄱ, ㄴ
② ㄷ, ㄹ
③ ㄷ
④ ㄱ, ㄷ, ㄹ

17. 다음에서 설명하는 사회적 경제주체는?

> ○ 취약계층에게 사회서비스 또는 일자리를 제공하거나 지역사회에 공헌함으로써 지역주민의 삶의 질을 높이는 등의 사회적 목적을 추구하면서 재화 및 서비스의 생산·판매 등 영업활동을 하는 기업이다.
> ○ 고용노동부의 인증을 받아야 한다.

① 사회적기업
② 마을기업
③ 자활기업
④ 사회적협동조합

18. 강점관점(strength perspective)에 대한 설명으로 옳지 않은 것은?

① 사회복지사는 클라이언트의 진술을 인정하며 그를 알아가고 평가하는 중요한 방법 중 하나라고 본다.
② 클라이언트가 전문가라고 본다.
③ 개인의 발전은 병리에 의해 제한된다고 본다.
④ 변화를 위한 자원은 클라이언트의 장점, 능력, 적응기술이라고 본다.

19. 표집방법에 대한 설명으로 옳은 것만을 모두 고르면?

> ㄱ. 확률표집은 비확률표집보다 표본 선정과정에서 조사자의 주관성을 배제할 수 있다.
> ㄴ. 비확률표집은 주로 질적조사에서 사용된다.
> ㄷ. 체계적 표집에서는 한 사례만 무작위로 추출하고 이후 사례는 일정한 표집간격을 두고 선정한다.
> ㄹ. 전체 모집단에서 몇 개의 집단을 무작위로 추출한 후 해당 집단 내에서 자료를 수집하는 것은 층화표집에 해당한다.

① ㄱ, ㄴ
② ㄱ, ㄴ, ㄷ
③ ㄴ, ㄷ
④ ㄴ, ㄷ, ㄹ

20. 「사회보장기본법」의 규정에서 (가)~(다)에 들어갈 옳은 표현은?

> ○ "공공부조"란 (가) 의 책임 하에 생활 유지 능력이 없거나 생활이 어려운 국민의 최저생활을 보장하고 자립을 지원하는 제도를 말한다.
> ○ "사회서비스"란 국가·지방자치단체 및 민간부문의 도움이 필요한 모든 국민에게 복지, 보건의료, 교육, 고용, (나) , 문화, (다) 등의 분야에서 인간다운 생활을 보장하고 상담, 재활, 돌봄, 정보의 제공, 관련 시설의 이용, 역량 개발, 사회참여 지원 등을 통하여 국민의 삶의 질이 향상되도록 지원하는 제도를 말한다.

	(가)	(나)	(다)
①	국가	소득	여가
②	지방자치단체	오락	사회
③	국가와 지방자치단체	주거	환경
④	국가와 지방자치단체	건강	요양

사회복지학개론 제4회

1. 집단 대상 사회복지실천에 대한 설명으로 옳지 않은 것은?
   ① 지지집단(support group)은 집단성원들 간의 유대감 형성이 쉽고 자기개방성이 높은 편이다.
   ② 사회적 목표모델은 민주시민의 역량 개발에 초점을 둔다.
   ③ 집단발달단계 중 초기단계에서 사회복지사는 집단 구성요소를 고려하여 집단을 계획한다.
   ④ 소시오그램(sociogram)을 통해 집단 내 성원들 간의 질적인 관계를 파악할 수 있다.

2. 「국민기초생활 보장법」상 용어의 정의로 옳은 것만을 모두 고르면?

   ㄱ. "수급권자"란 이 법에 따른 급여를 받을 수 있는 자격을 가진 사람을 말한다.
   ㄴ. "수급품"이란 이 법에 따라 수급자에게 지급하거나 대여하는 물품을 말하며 금전은 포함되지 않는다.
   ㄷ. "최저보장수준"이란 국민의 소득·지출 수준과 수급권자의 가구 유형 등 생활실태, 물가상승률 등을 고려하여 급여의 종류별로 공표하는 금액이나 보장수준을 말한다.
   ㄹ. "기준 중위소득"이란 보장기관이 급여의 결정 및 실시 등에 사용하기 위하여 산출한 개별가구의 소득평가액과 재산의 소득환산액을 합산한 금액을 말한다.

   ① ㄱ, ㄷ
   ② ㄴ, ㄹ
   ③ ㄱ, ㄴ, ㄷ
   ④ ㄱ, ㄷ, ㄹ

3. 다음 중 보건복지부 소관의 사회복지시설은?
   ① 가정위탁지원센터
   ② 건강가정지원센터
   ③ 다문화가족지원센터
   ④ 청소년쉼터

4. 사회복지실천에서의 사정(assessment)에 대한 설명으로 옳지 않은 것은?
   ① 인간과 환경에 대한 이중 초점을 갖는다.
   ② 도움을 요청한 사람의 문제와 욕구를 확인하고 기관에서 서비스를 제공할 수 있는지 판단한다.
   ③ 클라이언트와 사회복지사의 상호작용을 통해 이루어진다.
   ④ 실천의 전 과정에서 지속적으로 이루어진다.

5. 다음에서 설명하는 오류는?

   ○ 측정값에 편향을 일으켜 측정의 정확도를 떨어뜨린다.
   ○ 체중계가 항상 2kg 더 나오는 경우는 이 오류에 해당한다.

   ① 생태학적 오류
   ② 환원주의 오류
   ③ 체계적 오류
   ④ 무작위 오류

6. 가족 대상 사회복지실천에 대한 설명으로 옳은 것은?
   ① 해결중심모델의 목표는 가족을 재구조화하여 가족이 적절히 기능을 수행할 수 있도록 돕는 데 있다.
   ② 전략적 가족치료모델에서는 문제를 유지하는 연쇄를 변화시키기 위해 문제행동을 유지하거나 강화하는 행동을 수행하도록 지시하는 기법을 사용한다.
   ③ 구조적 가족치료모델에서는 비난형, 회유형, 초이성형, 산만형과 같은 역기능적인 의사소통을 기능적으로 변화시키고자 한다.
   ④ 가계도는 2~3세대 이상의 가족 내 관계와 더불어 가족과 주변 환경 간 관계를 한눈에 볼 수 있도록 하는 사정도구이다.

7. 에릭슨(E. Erikson)이 청소년기(13~19세)의 심리사회적 위기를 극복했을 때 얻을 수 있다고 한 성취 덕목은?
① 성실
② 사랑
③ 능력
④ 목적의식

8. 제3의 길(The Third Way)에서 강조하는 내용이 아닌 것은?
① 근로연계복지
② 사회적 배제의 완화
③ 소득보장
④ 기회의 평등

9. 사회수당에 대한 설명으로 옳은 것만을 모두 고르면?

ㄱ. 일정한 인구학적 요건만 갖추면 누구나 급여를 받을 수 있는 비기여-비자산조사 프로그램이다.
ㄴ. 대표적인 제도로 65세 이상의 노인에게 지급되는 기초연금이 있다.
ㄷ. 공공부조제도보다 운영효율성이 높다.
ㄹ. 수평적 소득재분배 효과가 있다.

① ㄱ, ㄷ
② ㄱ, ㄷ, ㄹ
③ ㄴ, ㄹ
④ ㄴ, ㄷ, ㄹ

10. 열등처우의 원칙(the principle of less eligibility)에 대한 설명으로 옳지 않은 것은?
① 국가의 구호를 받는 빈민의 생활수준은 자력으로 살아가는 노동자의 최저 생활수준보다 열악해야 한다는 것이다.
② 영국 신빈민법(1834)의 중요한 빈민 구제 원칙이었다.
③ 자유주의 경제학자 맬서스(T. Malthus)의 영향을 받았다.
④ 가장 소극적인 평등 개념인 기회의 평등 개념을 반영한 것이다.

11. 우리나라 사회복지의 주요 이슈 변화 과정을 먼저 일어난 것부터 순서대로 옳게 나열한 것은?

ㄱ. 인구학적 요건만 충족하는 누구에게 보편적으로 지급하는 사회수당인 아동수당제도가 시행되었다.
ㄴ. 우리나라가 초고령사회(super-aged society)에 진입하였다.
ㄷ. 혼자서 일상생활과 사회생활을 하기 어려운 장애인에게 활동지원급여를 제공하여 자립생활을 지원하는 장애인 활동지원제도가 도입되었다.
ㄹ. 조합주의 방식으로 운영되던 기존의 의료보험이 국민건강보험공단을 통한 통합주의 방식으로 변화되었다.

① ㄱ-ㄴ-ㄷ-ㄹ
② ㄴ-ㄱ-ㄹ-ㄷ
③ ㄷ-ㄹ-ㄱ-ㄴ
④ ㄹ-ㄷ-ㄱ-ㄴ

12. 길버트와 테렐(Gilbert & Terrell)이 제시한 사회복지정책에 대한 분석적 접근방법에 해당하지 않는 것은?
① 비용편익분석
② 산물분석
③ 성과분석
④ 과정분석

13. 우리나라의 사회보장제도에 대한 설명으로 옳지 않은 것은?
① 장애인연금의 수급권자는 18세 이상의 중증장애인으로서 본인과 배우자의 소득인정액이 선정기준액 이하인 사람이다.
② 장제급여는 국민기초생활보장제도의 급여 종류에 해당한다.
③ 고용보험제도는 5인 이상의 근로자를 사용하는 모든 사업 또는 사업장에 적용한다.
④ 국민연금의 연금액은 지급사유에 따라 기본연금액과 부양가족연금액을 기초로 산정한다.

14. 「노인장기요양보험법」상 장기요양기관을 운영하려는 자는 필요한 시설 및 인력을 갖추어 다음 중 누구로부터 지정을 받아야 하는가?
① 보건복지부장관
② 국민건강보험공단의 이사장
③ 소재지를 관할 구역으로 하는 시·도지사
④ 소재지를 관할 구역으로 하는 특별자치시장·특별자치도지사·시장·군수·구청장

15. 근로장려세제(Earned Income Tax Credit, EITC)에 대한 설명으로 옳지 않은 것은?
① 수직적 소득재분배 효과가 발생하지 않는다.
② 대표적인 근로연계복지정책이다.
③ 부의 소득세(negative income tax)의 일종이다.
④ 기획재정부(국세청)가 주무 부처이다.

16. 우리나라 사회복지사 윤리강령의 내용으로 옳지 않은 것은?
① 사회복지사는 정보처리기술을 이용하는 것이 클라이언트의 권리를 침해할 위험성이 있다는 사실을 인식하여 직업적 범위에서도 이를 활용하지 않아야 한다.
② 사회복지사는 클라이언트에게 제공되는 서비스가 더 이상 클라이언트의 이해나 욕구에 부합하지 않으면 업무상 관계와 서비스를 종결한다.
③ 사회복지사는 사회재난과 국가 위급 상황에서 문제를 해결하기 위해 적극적으로 활동해야 한다.
④ 사회복지사는 사회복지 실천 과정에서 평가와 연구 조사를 함으로써, 사회복지 실천의 지식 기반 형성에 기여하고, 궁극적으로 사회복지 실천의 질적 향상을 위해 노력한다.

17. 사회복지 급여 대상 선정 방식에서 보편주의와 선별주의를 비교한 내용으로 옳지 않은 것은?
① 보편주의는 집합주의 가치를, 선별주의는 개인주의 가치를 강조한다.
② 보편주의에서는 사회복지 급여를 권리로, 선별주의에서는 시혜로 간주한다.
③ 보편주의는 국가 책임을, 선별주의는 개인 책임을 강조하는 경향이 있다.
④ 보편주의는 경제적 효율성이, 선별주의는 사회적 효과성이 높다.

18. 「노인복지법」상 노인복지시설이 아닌 것은?
① 경로당
② 노인복지주택
③ 치매안심센터
④ 양로시설

19. 형성평가(formative evaluation)에 해당하는 것은?

① 프로그램 진행 중에 참가자들의 참여율과 프로그램 진행상황을 점검하는 평가
② 진행한 프로그램의 효과성에 대한 종합적인 평가
③ 프로그램 결과에 대한 비용 대비 효과를 분석하는 평가
④ 프로그램 평가보고서를 검토하여 평가설계의 타당성을 판단하는 평가

20. 다음에서 설명하는 예산모형은?

> ○ 사회복지조직이 수행하는 사업과 활동목표를 알 수 있다.
> ○ 사회복지조직에서 수행하는 세부사업을 '단위원가 × 업무량 = 예산액'으로 표시하여 편성한다.
> ○ 각 사업의 산출에 대한 투입 비용의 적절성을 근거로 예산을 편성한다.

① 품목별 예산
② 성과주의 예산
③ 기획 예산
④ 영기준 예산

사회복지학개론 제5회

1. 사회보험과 공공부조의 비교로 옳은 것은?
    ① 사회보험은 공공부조보다 대상효율성이 높다.
    ② 사회보험은 공공부조보다 소득재분배 효과가 크다.
    ③ 사회보험은 공공부조보다 권리성이 강하다.
    ④ 사회보험은 공공부조보다 빈곤 위험에 대한 사후대응적 성격이 강하다.

2. 시민권론에 대한 설명으로 옳지 않은 것은?
    ① 마셜(T. H. Marshall)이 제시한 이론이다.
    ② 18세기 공민권, 19세기 정치권, 20세기 사회권 등 시민권의 확대 과정에서 사회복지가 발달했다.
    ③ 사회권은 법 앞에서의 평등, 신체의 자유, 언론의 자유 등의 권리이다.
    ④ 20세기 사회권이 시민의 권리로 확장되면서 사회복지정책이 확대되었다.

3. 서구 사회복지발달의 역사에 대한 설명으로 옳은 것은?
    ① 1909년 영국의 다수파 보고서는 기존 구빈법의 폐지와 빈곤 예방을 주장했다.
    ② 영국은 1911년에 세계 최초로 건강보험을 도입했다.
    ③ 베버리지 보고서에서는 궁핍, 질병, 무지, 불결, 나태를 영국 사회의 다섯 가지 주요 문제로 규정했다.
    ④ 세계 최초로 도입된 사회보험제도는 독일의 산업재해보상보험이었다.

4. 특정 현상이 사회문제(social problem)로 규정되기 위한 조건에 들지 않는 것은?
    ① 해당 현상의 원인이 사회구조적 요인에서 기인해야 한다.
    ② 해당 현상이 사회구성원 다수에게 부정적인 영향을 미쳐야 한다.
    ③ 다수의 사회구성원 또는 사회적으로 영향력 있는 사람들이 해당 현상을 문제로 인식해야 한다.
    ④ 집단적인 사회적 행동을 통해서도 개선이 어려운 문제여야 한다.

5. 실업문제에 대한 보험을 민간보험회사에만 맡기기 어려운 이유에 해당하지 않는 것은?
    ① 정보 비대칭
    ② 역 선택
    ③ 불완전경쟁
    ④ 위험발생의 상호의존성

6. 「노인장기요양보험법」상 장기요양급여 제공의 기본원칙으로 옳지 않은 것은?
    ① 노인등이 자신의 의사와 능력에 따라 최대한 자립적으로 일상생활을 수행할 수 있도록 제공하여야 한다.
    ② 가족이 아니라 노인등의 심신상태·생활환경 및 욕구·선택을 중심으로 고려하여 필요한 범위 안에서 급여를 적정하게 제공하여야 한다.
    ③ 노인등이 가족과 함께 생활하면서 가정에서 장기요양을 받는 재가급여를 우선적으로 제공하여야 한다.
    ④ 노인등의 심신상태나 건강 등이 악화되지 아니하도록 의료서비스와 연계하여 이를 제공하여야 한다.

7. 국민기초생활보장제도에 대한 설명으로 옳지 않은 것은?
① 다른 법령에 따라 보장을 받을 수 있는 경우, 「국민기초생활보장법」에 따른 급여보다 다른 법령에 따른 보장이 우선 적용된다.
② 생계급여 수급자에 대한 최저보장수준은 생계급여액과 수급가구의 소득인정액을 합한 수준이 생계급여 선정기준 이하가 되도록 한다.
③ 주거급여와 교육급여는 수급자 선정 시 부양의무자 기준을 적용하지 않는다.
④ 보장기관은 개별가구를 단위로 하여 급여를 실시하되, 특히 필요하다고 인정하는 경우에는 개인 단위로 급여를 실시할 수 있다.

8. 「긴급복지지원법」상 긴급지원의 종류 중 시·군·구에서의 직접지원에 해당하지 않는 것은?
① 교육지원
② 사회복지시설 이용 지원
③ 생계지원
④ 상담·정보제공

9. 빈곤(poverty)에 대한 설명으로 옳지 않은 것은?
① 절대적 빈곤은 최소한의 생활수준에도 미치지 못하는 상태이다.
② 상대적 빈곤의 산정방식에는 전물량방식과 반물량방식이 있다.
③ 현재 우리나라 국민기초생활보장제도의 수급자 선정기준은 상대적 빈곤 개념을 반영한다.
④ 사회적 배제(social exclusion)는 빈곤에 대해 다차원적으로 접근한다.

10. 사회복지실천 수준에 따라 사회복지실천을 분류할 때, 미시 수준의 사회복지실천에 해당하지 않는 것은?
① AI를 활용한 독거노인 지원프로그램 개발
② 가족관계 회복을 위한 가족치료
③ 위탁가정 아동 방문상담
④ 정신질환자를 대상으로 하는 사회기술훈련 실시

11. 다음에서 설명하는 인권(human right)의 속성은?

> ○ 인권은 부분적으로 나누어 보장될 수 없으며, 모든 인권이 서로 연결되어 동등하게 보호받아야 한다.
> ○ 표현의 자유나 신체의 자유와 같은 시민적·정치적 권리뿐만 아니라, 교육권이나 노동권과 같은 경제적·사회적·문화적 권리도 중요하며, 어느 한 가지 권리만 보장하고 다른 권리를 소홀히 해서는 안 된다.
> ○ 모든 인권은 상호의존적이며 함께 보호되어야 한다.

① 보편성
② 불가침성
③ 불가양성
④ 불가분성

12. 자선조직협회(COS, charity organization society)에 대한 설명으로 옳은 것은?
① 자선단체 간 협력을 도모하고 빈민의 도덕성을 향상시키고자 했다.
② 빈곤을 개인의 책임이 아닌 환경적인 문제라고 본다.
③ 집단 사회복지실천, 지역사회복지, 역량강화 실천에 영향을 주었다.
④ 주된 활동가는 대학생과 종교인 등이었다.

13. 사회복지실천에서 다음 개념을 가장 잘 설명하는 체계이론의 원리는 무엇인가?

> ○ 클라이언트의 문제는 다양한 개입방법과 접근을 통해 해결될 수 있다.
> ○ 비슷한 문제를 호소하더라도 그 원인은 서로 다를 수 있다.

① 항상성(homeostasis)
② 동귀결성(equifinality)
③ 다중귀결성(multifinality)
④ 환류(feedback)

14. 역량강화모델(empowerment model)에 대한 설명으로 옳은 것을 모두 고르면?

> ㄱ. 클라이언트의 참여를 중시하고 자기결정권을 강조한다.
> ㄴ. 클라이언트와 사회복지사 간의 협력적 파트너십을 강조한다.
> ㄷ. 역량강화 실천은 개인적, 대인관계적, 정치적 측면에서 힘을 키워나가는 과정이다.
> ㄹ. 발견단계-대화단계-발전단계로 개입이 진행된다.

① ㄱ, ㄴ, ㄷ
② ㄱ, ㄴ
③ ㄷ, ㄹ
④ ㄱ, ㄴ, ㄷ, ㄹ

15. 「사회복지사업법」상 사회복지법인에 대한 설명으로 옳지 않은 것은?

① 사회복지사업을 할 목적으로 설립된 법인을 말한다.
② 사회복지법인은 공공성을 가지며 사회복지사업을 시행하는 데 있어서 공공성을 확보하여야 한다.
③ 사회복지법인을 설립하려는 자는 대통령령으로 정하는 바에 따라 시·도지사의 허가를 받아야 한다.
④ 사회복지법인의 이사 또는 감사 중에 결원이 생겼을 때에는 20일 이내에 보충하여야 한다.

16. 사회복지정책의 가치에 대한 설명으로 옳지 않은 것은?

① 형평성이나 공정의 가치를 강조하는 평등 개념은 비례적 평등(proportional equality)이다.
② 기계적 연대는 동질성을 기반으로 하고, 유기적 연대는 노동 분화와 상호의존성을 기반으로 한다.
③ 복지국가는 소극적 자유보다 적극적 자유를 더 추구한다.
④ 사회복지정책은 수단으로서의 효율보다 파레토 효율을 추구한다.

17. 사회복지서비스 전달체계 구축 원칙에 대한 설명으로 옳지 않은 것은?

① 통합성 원칙은 사회복지서비스 제공 기간들 간의 협력, 조정, 연계를 강조한다.
② 접근성 원칙은 사회복지서비스가 필요한 사람이 필요로 하는 서비스를 보다 쉽고 편하게 이용할 수 있도록 하는 데 초점을 둔다.
③ 포괄성 원칙은 욕구를 충족하기에 충분한 양과 질의 사회복지서비스를 제공하는 데 초점을 둔다.
④ 책임성 원칙은 효과적이고 효율적인 사회복지서비스의 전달, 서비스 이용 관련 클라이언트의 고충 처리 등에 초점을 둔다.

18. 워렌(Warren)이 제시한 지역사회의 기능과 사례의 연결이 옳지 않은 것은?

① 사회화 - 주민들이 자율적으로 만든 규칙을 통해 지역 내 질서를 유지하고 불법행위에 대한 감시 역할을 한다.
② 사회통합 - 다문화 축제 및 문화 교류 행사를 통해 다양한 문화적 배경을 가진 지역주민들이 서로의 문화를 이해하고 존중하는 분위기를 조성한다.
③ 상부상조 - 지역사회의 어려운 이웃을 돕는 자원봉사활동이나 기부활동에 참여한다.
④ 생산·분배·소비 - 마을기업을 만들어 지역에서 생산된 농산물이나 수공예품을 판매한다.

19. 사회복지실천의 면접에 대한 설명으로 옳지 않은 것은?

① 사회복지실천에서 이루어지는 면접은 전문적 관계에 바탕을 둔, 시간제한적인 의사소통이다.
② 사회복지실천의 면접에는 특정한 역할관계가 있다.
③ 면접에서 사회복지사는 제공할 수 있는 서비스의 한계를 규정한 기관의 정책과 프로그램을 고려하여야 한다.
④ 면접에서 개방형 질문은 주로 구체적이고 명백한 사실에 대해 정보를 얻기 위해 사용된다.

20. 사회복지조사의 측정(measurement)에 대한 설명으로 옳은 것만을 모두 고르면?

> ㄱ. 소득은 비율수준으로 측정할 수도 있고 서열수준으로 측정할 수도 있다.
> ㄴ. 온도와 지능지수에는 절대 0이 성립한다.
> ㄷ. 재검사법을 통해 측정도구의 타당도를 평가할 수 있다.
> ㄹ. 측정과정에서 편향(bias)의 문제가 발생하면 측정값의 타당도를 저해한다.

① ㄱ, ㄹ
② ㄴ, ㄷ
③ ㄱ, ㄷ, ㄹ
④ ㄱ, ㄴ, ㄷ, ㄹ

사회복지학개론 제6회

1. 다음 중 2010년 이후에 제정된 법은?
   ① 「노인장기요양보험법」
   ② 「긴급복지지원법」
   ③ 「사회서비스 이용 및 이용권 관리에 관한 법률」
   ④ 「청소년복지 지원법」

2. 사회적 배제(social exclusion)에 대한 설명으로 옳지 않은 것은?
   ① 경제적 빈곤뿐만 아니라 교육, 의료, 주거, 정치적 참여 등 다양한 영역에서의 어려움을 포함한다.
   ② 빈곤의 동태적 과정과 맥락을 강조한다.
   ③ 소득 지원은 사회적 배제에 대응하는 대표적인 전략이다.
   ④ 기존의 빈곤 개념이 포착하지 못했던 사회적 고립과 구조적 불평등을 설명하는 개념이다.

3. 다음에서 제시하는 사례는 어떤 윤리적 갈등 유형에 해당하는가?

   > 한 사회복지사가 경제적 어려움을 겪는 클라이언트에게 긴급 지원이 필요하다고 판단했지만 기관의 규정상 해당 클라이언트는 지원 대상에 포함되지 않는 경우, 사회복지사는 기관의 규정을 준수해야 하지만, 동시에 클라이언트의 절박한 상황을 외면할 수도 없는 딜레마에 놓이게 된다.

   ① 가치의 상충
   ② 충성심과 역할 상충
   ③ 클라이언트체계의 다중성
   ④ 힘 또는 권력의 불균형

4. 사회복지실천현장에 대한 설명이 옳은 것은?
   ① 사회복지공동모금회는 간접 서비스 기관이다.
   ② 아동양육시설은 직접 서비스 기관이면서 이용시설이다.
   ③ 장애인보호작업장은 생활시설이다.
   ④ 자립지원시설은 「청소년복지 지원법」상 청소년복지시설이다.

5. 사회복지실천에서 통합적 접근이 등장하게 된, 기존 사회복지 실천 접근의 한계에 해당하지 않는 것은?
   ① 특정 문제에 국한된 개입
   ② 서비스의 과도한 분화와 파편화
   ③ 사회복지 전문직의 정체성 확립의 어려움
   ④ 지나친 일반주의 실천에 대한 강조

6. 서구 사회복지정책의 역사에 대한 설명으로 옳지 않은 것은?
   ① 엘리자베스 구빈법(1601)은 빈민 구호에 대한 국가의 책임을 처음으로 인정하였다.
   ② 세계 최초의 사회보험은 19세기 후반 독일에서 시작되었다.
   ③ 베버리지 보고서(1942)는 강제적인 사회보험을 국민최저선(National Minimum) 실현을 위해 가장 중요한 제도라고 보았다.
   ④ 독일은 영국보다 실업보험제도를 먼저 도입하였다.

7. 사례관리(case management)에 대한 설명으로 옳은 것은?
   ① 사회복지서비스 제공의 중앙집권화 과정에서 등장했다.
   ② 개입 과정에서 서비스 전달에 대한 점검과 클라이언트의 욕구에 대한 재사정을 강조한다.
   ③ 클라이언트의 다양한 욕구를 포괄적으로 개입할 수 있는 전문적인 시설 중심의 보호를 강조한다.
   ④ 비용효율성을 증대하기 위해 단기적인 욕구를 가진 클라이언트에 초점을 둔다.

8. 다음 중 사회보험제도가 아닌 것은?

① 상병보상연금
② 장애인연금
③ 군인연금
④ 실업급여

9. 「사회보장급여의 이용·제공 및 수급권자 발굴에 관한 법률」(이하 사회보장급여법)상 지역사회보장협의체에 대한 설명으로 옳은 것만을 모두 고르면?

> ㄱ. 시·군·구 단위에는 꼭 두도록 되어있으나, 읍·면·동 단위에는 둘 수도 있고 두지 않을 수도 있다.
> ㄴ. 시·군·구 지역사회보장협의체에서는 시·군·구의 지역사회보장계획 수립·시행 및 평가에 관한 사항을 심의·자문한다.
> ㄷ. 사회보장급여법이 제정된 2014년에 시·군·구와 읍·면·동 단위 지역사회보장협의체 설치가 처음으로 법제화되었다.
> ㄹ. 지역의 사회보장을 증진하고, 사회보장과 관련된 서비스를 제공하는 관계 기관·법인·단체·시설과 연계·협력을 강화하기 위한 목적을 갖는다.

① ㄱ, ㄷ
② ㄴ, ㄹ
③ ㄴ, ㄷ, ㄹ
④ ㄱ, ㄷ, ㄹ

10. 다음 중 바우처 방식으로 지원되는 사업에 해당되지 않는 것은?

① 노인맞춤돌봄서비스
② 임신·출산 진료비 지원
③ 장애인활동지원
④ 발달장애인지원

11. 시장실패 요인이 아닌 것은?

① 긍정적 외부효과
② 정보의 비대칭성
③ 위험발생의 상호의존성
④ 완전경쟁

12. 사회복지전달체계 중 공공부문 전달체계가 민간부문 전달체계에 비해 갖는 상대적인 장점에 해당하지 않는 것은?

① 평등과 소득재분배의 목적을 달성하는 데 유리하다.
② 다양한 프로그램을 통합·조정하는 데 유리하다.
③ 서비스 접근성과 융통성이 증가한다.
④ 서비스의 안정성과 규모의 경제 효과가 크다.

13. 사회복지실천에서 목표를 설정하는 지침으로 옳지 않은 것은?

① 클라이언트가 원하는 목표가 사회복지사의 가치나 권리에 맞지 않는다고 해도 동의해야 한다.
② 클라이언트와 함께 문제해결을 위한 목표를 설정한다.
③ 명시적이며, 측정 가능하고, 성취 가능하게 설정해야 한다.
④ 사회복지사의 지식과 기술에 상응해야 하고, 기관의 기능과도 일치해야 한다.

14. 비에스텍(F. Biestek)이 제시한 사회복지실천 관계의 기본원칙에 대한 설명으로 옳지 않은 것은?

① 개별화 – 편견이나 고정관념 없이 클라이언트 개인의 경험을 존중하는 것이다.
② 의도적 자기노출 – 사회복지사가 원조 과정에 필요하다고 생각되는 자신의 경험이나 감정을 클라이언트에게 말하는 것이다.
③ 비심판적 태도 – 클라이언트 문제의 책임이 클라이언트에게 있다고 비판하지 않는 것이다.
④ 비밀보장 – 클라이언트와의 전문적 관계에서 신뢰를 바탕으로 얻은 정보를 클라이언트의 동의 없이 제3자에게 누설하지 않는 것이다.

15. 다음 사례에서 사회복지사가 사용한 사회복지실천기술은?

> 클라이언트: 연애를 해도 오래 가지 못하고 번번이 헤어지게 되네요.
> 사회복지사: 상대방에게 버려질까 두려워 무의식적으로 거리를 두거나 깊은 관계를 피하게 되고 그로 인해 이별하는 일이 반복하는 것 같습니다.

① 해석
② 재보증
③ 명료화
④ 환언

16. 코헨(Cohen), 마치(March), 올센(Olsen)의 쓰레기통모형에서는 정책결정의 네 가지 요소가 서로 무관하게 독립적인 흐름을 유지하다가 우연히 만나게 될 때 정책결정이 이루어진다고 본다. 이 네 가지 요소에 들지 않는 것은?

① 의사결정의 참여자
② 해결책
③ 정책 목표
④ 해결을 요하는 사회문제

17. 리더십이론에 대한 설명으로 옳은 것은?

① 블레이크와 머튼(Blake & Mouton)의 관리격자이론은 리더십의 효과가 상황에 따라 다를 수 있다고 본다.
② 허시와 블랜차드(Hersey & Blanchard)의 리더십이론에서는 직원들이 직무수행 능력은 뛰어나지만 솔선수범하여 일하려는 의지가 매우 약한 경우 제시형 리더십이 적합하다고 본다.
③ 특성이론에서는 학습을 통해 효과적인 리더십을 개발할 수 있다고 본다.
④ 피들러(Fiedler)의 리더십이론에서는 조직의 상황이 리더에게 매우 호의적이지 않을 경우 과업지향적인 리더십이 적합하다고 본다.

18. 사회복지정책의 재원에서 정부의 조세가 갖는 장점에 해당하지 않는 것은?

① 소득재분배 효과가 크다.
② 사회보험료에 비해 징수에 대한 저항이 적다.
③ 안정성과 지속성이 높다.
④ 전 국민을 대상으로 한 보편적 사회복지급여 지급에 용이하다.

19. 「국민연금법」에 따른 급여의 종류에 해당하는 것은?

① 반환일시금
② 상병보상연금
③ 장애인연금
④ 기초연금

20. 긴급복지지원제도에 대한 설명으로 옳은 것만을 모두 고르면?

> ㄱ. 위기상황에 처한 사람에게 일시적으로 신속하게 지원한다.
> ㄴ. 「국민기초생활 보장법」에 따라 생계급여를 받고 있는 경우에는 긴급복지지원제도의 생계지원을 하지 않는다.
> ㄷ. 주소득자의 사망으로 소득을 상실하여 생계유지가 어렵게 된 경우 지원대상이 될 수 있다.
> ㄹ. 생계지원은 기본 지원기간과 연장 기간을 합하여 총 6개월을 초과할 수 없다.

① ㄱ, ㄷ
② ㄴ, ㄹ
③ ㄱ, ㄴ, ㄷ
④ ㄱ, ㄴ, ㄷ, ㄹ

사회복지학개론 제7회

1. 다음 제도들 중 주된 재원이 정부의 일반예산이 아닌 것은?
   ① 아동수당
   ② 장애인연금
   ③ 국민연금
   ④ 기초연금

2. 「노인장기요양보험법」상 용어의 정의로 옳지 않은 것은?
   ① "노인등"이란 65세 이상의 노인 또는 65세 미만의 자로서 치매·뇌혈관성질환 등 대통령령으로 정하는 노인성 질병을 가진 자를 말한다.
   ② "장기요양급여"란 6개월 이상 동안 혼자서 일상생활을 수행하기 어렵다고 인정되는 자에게 신체활동·가사활동의 지원 또는 간병 등의 서비스나 이에 갈음하여 지급하는 현금 등을 말한다.
   ③ "장기요양사업"이란 장기요양보험료, 국가 및 지방자치단체의 부담금 등을 재원으로 하여 노인등에게 장기요양급여를 제공하는 사업을 말한다.
   ④ "장기요양기관"이란 이 법에 따라 장기요양급여를 제공하는 국가 또는 지방자치단체를 말한다.

3. 빈곤과 소득불평등에 대한 설명으로 옳지 않은 것은?
   ① 빈곤율은 빈곤층의 규모를, 빈곤갭은 빈곤의 심도를 나타낸다.
   ② 빈곤갭이 클수록 빈곤층의 소득을 빈곤선 수준까지 끌어올리는 데 소요되는 총비용이 커진다.
   ③ 로렌츠곡선의 45° 대각선에 해당하는 사회의 지니계수는 1이다.
   ④ 10분위 분배율이 높은 사회일수록 사회구성원들 간 소득분배가 평등하다.

4. 사회복지실천의 강점관점(strength perspective)에 대한 설명으로 옳은 것은?
   ① 클라이언트의 문제와 증상을 완화하는 데 집중한다.
   ② 클라이언트의 내적·외적 자원과 강점을 발견하고 이를 통해 변화와 성장을 이끌어낸다.
   ③ 문제의 원인을 파악하고자 과거를 탐색한다.
   ④ 과제중심모델과 인지행동모델은 강점관점에 기반을 둔 대표적인 실천모델이다.

5. 다음 중 콤튼과 갤러웨이(Compton & Galaway)가 6체계모델에서 제시한 전문가체계에 해당하지 않는 것은?
   ① 전문가를 육성하는 교육체계
   ② 사회복지사협회
   ③ 사회복지사 윤리강령
   ④ 사회복지기관

6. 사회복지 이념에 대한 설명으로 옳은 것은?
   ① 제3의 길(The Third Way)은 사회민주주의와 신자유주의를 전면 부정하는 새로운 이념이다.
   ② 티트무스(Titmuss)의 제도적 재분배 모형은 국가의 복지 제공의 정도가 개인의 시장 기여도에 따라 달라야 한다고 인식한다.
   ③ 신우파(New Right) 이념에서는 평등보다 자유의 가치를 더 중시한다.
   ④ 케인즈주의(Keynesianism)에서는 사회복지정책이 시장경제의 효율성을 저해한다고 보아 반대한다.

7. 길버트(Gilbert)와 테렐(Terrell)이 제시한 사회복지정책의 사회적 할당 원리에 대한 설명으로 옳은 것은?
① 보험료를 납부한 사회보험 가입자에게 급여를 제공하는 것은 귀속적 욕구에 의한 할당 원리를 따른다.
② 연령이나 성별 등 개인이 속한 집단에 근거하여 급여를 제공하는 것은 진단적 구분에 의한 할당 원리를 따른다.
③ 장애인이나 정신질환자에 대한 복지서비스 제공은 보상에 의한 할당 원리를 따른다.
④ 소득인정액이 선정기준 이하에 속할 때 급여를 제공하는 것은 자산조사에 의한 할당 원리를 따른다.

8. 국민기초생활보장제도에 대한 설명으로 옳지 않은 것은?
① 국민기초생활보장제도는 생활이 어려운 국민에게 최저생활을 보장하고 자활을 지원하는 것을 목적으로 한다.
② 국민기초생활보장제도의 모든 급여는 보건복지부장관 소관으로 한다.
③ 국민기초생활보장제도는 기준 중위소득을 기준으로 수급 자격을 판단한다.
④ 부양의무자 기준이 단계적으로 완화되면서 생계급여의 수급 대상이 확대되었다.

9. 델파이기법(delphi technique)에 대한 설명으로 옳은 것은?
① 전문가를 대상으로 우편설문을 반복하여 합의를 도출하는 방법이다.
② 조사에 참여하는 전문가들은 누가 조사에 참여하는지 알지만, 한 자리에 모여 상호작용하지는 않는다.
③ 소수의 사람들이 함께 모여 원활한 토의와 상호작용 속에서 결과를 도출하는 조사방법이다.
④ 경험적 자료에 기초해 귀납적으로 이론을 개발하는 질적조사방법이다.

10. 사례관리(case management)가 등장한 배경에 해당하지 않는 것은?
① 탈시설화와 지역사회 중심의 보호에 대한 강조
② 지역 내 분산된 서비스에 대한 연계와 조정 필요성의 증가
③ 복지에 대한 국가 책임 강조
④ 비용효율적인 서비스 제공에 대한 관심의 증가

11. 직접실천에 해당하는 것만을 모두 고르면?

ㄱ. 정서적 어려움을 겪는 아동을 대상으로 아동상담소에서 상담을 진행하였다.
ㄴ. 자존감 향상을 위한 청소년 대상의 집단 프로그램을 실시하였다.
ㄷ. 지역 내 복지기관과 협력하여 저소득층을 위한 후원 네트워크를 구축하였다.
ㄹ. 노인복지정책 개선을 위한 공청회를 개최하여 주민의견을 수렴하였다.

① ㄱ, ㄴ
② ㄷ, ㄹ
③ ㄱ, ㄴ, ㄷ
④ ㄴ, ㄷ, ㄹ

12. 해결중심모델의 질문기법에 해당하지 않는 것은?
① 기적질문
② 순환질문
③ 면담 전 변화질문
④ 대처질문

13. A 노인복지관에서는 지역 내 독거노인을 대상으로 정서적·신체적 건강 증진과 사회적 고립 예방을 위한 프로그램을 실시하였다. 프로그램의 구성 요소를 논리모델(logic model)로 제시할 때 다음 내용은 어떤 요소에 해당하는가?

> ○ 월 평균 100명의 독거노인에게 방문 돌봄 서비스 제공
> ○ 말벗 및 정서 지원 서비스 월 200회 제공
> ○ 건강 체크 및 의료 연계 건수 월 50건
> ○ 온라인·오프라인 모임 참여율 70% 이상

① 산출(output)
② 성과(outcome)
③ 활동(activity)
④ 투입(input)

14. 「정신건강증진 및 정신질환자 복지서비스 지원에 관한 법률」의 규정으로 옳지 않은 것은?
① 보건복지부장관은 관계 행정기관의 장과 협의하여 5년마다 정신건강증진 및 정신질환자 복지서비스 지원에 관한 국가의 기본계획을 수립하여야 한다.
② 정신질환자등이 지역사회에서 직업활동과 사회생활을 할 수 있도록 각종 재활활동을 지원하는 재활훈련시설은 정신재활시설에 해당한다.
③ 정신건강전문요원은 그 전문분야에 따라 정신건강임상심리사, 정신건강간호사, 정신건강사회복지사 및 정신건강작업치료사로 구분한다.
④ 국가와 지방자치단체 외의 자는 시장·군수·구청장에 신고하고 정신요양시설을 설치·운영할 수 있다.

15. 다음 사례에 공통으로 해당되는 방어기제는?

> ○ A씨는 직장에서 상사에게 심한 질책을 받자, 갑자기 울음을 터뜨리고 토라진 듯한 태도를 보이며 동료들과 대화를 피한다. 평소에는 성숙한 태도를 보였지만, 스트레스를 받자 어린아이처럼 감정을 표현한 것이다.
> ○ 고등학생 B는 중요한 시험을 앞두고 불안해지자, 갑자기 엄마에게 계속 매달려 칭얼거리고 손가락을 빨거나 물어뜯는 등 평소 하지 않던 행동을 반복한다.
> ○ C씨는 수술을 앞두고 극심한 불안을 느끼자, 간호사에게 떼를 쓰거나 "엄마가 보고 싶다"며 어리광을 부린다. 평소 독립적인 성격이었지만, 불안한 상황에서 무의식적으로 어린 시절의 의존적 행동을 보인다.

① 보상
② 퇴행
③ 투사
④ 취소

16. 다음 사례에서 제시되고 있는 사회복지사 역할에 포함되지 않는 것은?

> ○ 클라이언트가 필요한 자원을 찾아 활용함으로써 자신의 문제를 해결해갈 수 있도록 돕는 역할
> ○ 산발적으로 제공되고 있는 지역 내 서비스들을 조직적으로 정리하기 위해 서비스 제공기관의 실무자들과 협의하는 역할
> ○ 부당하게 해고당한 장애인의 편에서 장애인의 정당한 권리를 대변하여 부당해고가 철회될 수 있도록 힘쓰는 역할

① 중재자
② 옹호자
③ 조정자
④ 조성자

17. 다음 사례에서 사용된 기법은?

> 아동 A는 숙제를 시작하고 집중하는 데 어려움을 겪었다. 사회복지사는 A가 숙제를 시작하도록 작은 행동부터 유도하며, 그때마다 칭찬과 스티커로 강화하였다. 이후 5분간 집중할 때 보상하고, 점차 10분, 15분으로 시간을 늘려가며 강화했다. 이렇게 점진적으로 목표 행동에 가까워지도록 유도한 결과, A는 숙제를 끝마칠 수 있게 되었다.

① 모델링
② 체계적 둔감화
③ 행동조성
④ 타임아웃

18. 「아동복지법」상 용어 정의로 옳지 않은 것은?

① "아동"이란 18세 미만인 사람을 말한다.
② "보호자"란 친권자, 후견인, 아동을 보호·양육·교육하거나 그러한 의무가 있는 자 또는 업무·고용 등의 관계로 사실상 아동을 보호·감독하는 자를 말한다.
③ "가정위탁"이란 보호대상아동의 보호를 위하여 성범죄, 가정폭력, 아동학대, 정신질환 등의 전력이 없는 보건복지부령으로 정하는 기준에 적합한 가정에 보호대상아동을 일정 기간 위탁하는 것을 말한다.
④ "아동학대"란 보호자를 제외한 성인이 아동의 건강 또는 복지를 해치거나 정상적 발달을 저해할 수 있는 신체적·정신적·성적 폭력이나 가혹행위를 하는 것을 말한다.

19. 장애인복지모델에 대한 설명으로 옳지 않은 것은?

① 시민권모델에서는 장애인을 장애로 인해 사회적 배제 기제에 의해 불이익을 당하는 사람으로 본다.
② 개인적 모델에서는 장애문제의 원인이 개인에게 있다고 보지만, 사회적 모델에서는 차별과 배제 등 부적절한 사회환경 및 조건에 있다고 본다.
③ 복지모델은 장애인의 복지 증진을 위해 사회적 차별을 없애는 데 초점을 둔다.
④ 자립생활모델은 재활모델에 비해 장애인을 소비자로 보는 경향이 강하다.

20. 「사회보장급여의 이용·제공 및 수급권자 발굴에 관한 법률」상 지역사회보장계획에 대한 설명으로 옳지 않은 것은?

① 시·도지사 및 시장·군수·구청장은 지역사회보장에 관한 계획을 4년마다 수립하고, 매년 지역사회보장계획에 따라 연차별 시행계획을 수립하여야 한다.
② 시장·군수·구청장은 해당 시·군·구의 지역사회보장계획을 지역주민 등 이해관계인의 의견을 들은 후 수립하고, 읍·면·동 단위 지역사회보장협의체의 심의와 해당 시·군·구 의회의 보고를 거쳐 시·도지사에게 제출하여야 한다.
③ 시·도지사는 지역사회보장계획을 시·도사회보장위원회의 심의와 해당 시·도 의회의 보고를 거쳐 보건복지부장관에게 제출하여야 한다.
④ 시·도지사 및 시장·군수·구청장은 지역사회보장계획 수립 시 지역사회보장조사 결과를 반영할 수 있다.

사회복지학개론 제8회

1. 다음 ( ) 안에 들어갈 말은?

> 고려 시대의 ( )은/는 흉년과 기근 발생 시 백성을 구제할 재원을 마련하기 위한 제도로, 곡식을 바친 사람에게 관직을 주는 한편 그 곡식을 활용하여 구휼 사업을 시행하였다.

① 재면지제
② 공명첩
③ 원납제
④ 납속보관지제

2. 로웬버그와 돌고프(Rowenberg & Dolgoff)의 윤리원칙 심사표에 의하면, 다음 중 가장 우선되어야 하는 윤리원칙은?

① 최소해악의 원칙
② 자율과 자유의 원칙
③ 삶의 질의 원칙
④ 비밀보장의 원칙

3. 다음 ( ) 안에 들어갈 알맞은 말은?

> 사회복지사 A는 불안 수준을 측정하기 위해 10문항으로 구성된 불안 척도를 개발하였다. 해당 척도의 타당도를 평가하기 위해 조사대상 200명에게 자신이 개발한 불안 척도와 이미 타당도가 검증되어 널리 사용되는 불안 척도(Beck Anxiety Inventory, BAI)를 함께 제시하고 응답하게 하였다. 그 결과 두 척도의 측정치가 높은 상관관계를 보였고, 이를 바탕으로 자신이 개발한 척도는 ( ) 타당도가 있다고 판단하였다.

① 예측
② 동시
③ 내용
④ 판별

4. 사회보험과 공공부조에 대한 설명으로 옳은 것은?

① 두 제도 모두 국가와 지방자치단체의 책임으로 실시한다.
② 우리나라의 장애인연금은 사회보험이고, 장애연금은 공공부조이다.
③ 사회보험보다 공공부조의 소득재분배 효과가 더 크다.
④ 사회보험은 공공부조에 비해 근로동기를 약화시킨다는 단점이 있다.

5. 우리나라 사회복지제도의 급여 수급자격 기준에 대한 설명으로 옳은 것은?

① 기초연금은 인구학적 기준과 자산조사를 모두 고려한다.
② 국민기초생활보장제도는 인구학적 기준과 부양의무자 기준을 모두 고려한다.
③ 장애인연금은 자산조사를 하지 않고 진단적 구분을 기준으로 한다.
④ 노인장기요양보험은 자산조사를 기준으로 한다.

6. 다음은 사회복지법인의 임원에 대한 「사회복지사업법」의 규정이다. ( ) 안에 들어갈 숫자가 가장 큰 것은?

① 사회복지법인은 대표이사를 포함한 이사 ( )명 이상과 감사 2명 이상을 두어야 한다.
② 이사의 임기는 ( )년으로 하고 감사의 임기는 2년으로 하며, 각각 연임할 수 있다.
③ 이사회의 구성에 있어서 대통령령으로 정하는 특별한 관계에 있는 사람이 이사 현원(現員)의 ( )분의 1을 초과할 수 없다.
④ 이사 또는 감사 중에 결원이 생겼을 때에는 ( )개월 이내에 보충하여야 한다.

7. 「사회보장기본법」에서 규정하고 있는 사회적 위험에 해당하지 않는 것은?

① 출산
② 고립
③ 양육
④ 사망

8. 다음 중 복지국가에 대해 가장 지지적인 학자는?

① 토오니(R. H. Tawney)
② 노직(R. Nozick)
③ 밀리반드(R. Miliband)
④ 하이에크(F. A. Hayek)

9. 사회투자국가(social investment state)에 대한 설명으로 옳지 않은 것은?

① 인적자본에 대한 투자와 교육을 강조한다.
② 결과의 평등보다 기회의 평등을 강조한다.
③ 사회적 배제의 해소보다 빈곤의 감소를 강조한다.
④ 경제정책과 사회정책의 통합을 강조하며, 경제정책을 사회 정책보다 우선시한다.

10. 에스핑-안데르센(G. Esping-Andersen)이 제시한 복지국가 유형 중 계층화 정도가 가장 큰 유형부터 순서대로 옳게 나열한 것은?

① 조합주의 복지국가, 자유주의 복지국가, 사회민주주의 복지국가
② 자유주의 복지국가, 조합주의 복지국가, 사회민주주의 복지국가
③ 사회민주주의 복지국가, 자유주의 복지국가, 조합주의 복지국가
④ 사회민주주의 복지국가, 조합주의 복지국가, 자유주의 복지국가

11. 「노인장기요양보험법」상 장기요양보험사업에 대한 설명으로 옳지 않은 것은?

① 장기요양보험사업의 보험자는 국민건강보험공단이다.
② 장기요양보험사업은 국민건강보험공단의 이사장이 관장한다.
③ 장기요양보험의 가입자는 「국민건강보험법」에 따른 가입자로 한다.
④ 파킨슨병으로 일상생활이 어려운 60세의 의료급여 수급권자는 장기요양인정을 신청할 수 있다.

12. 선별적 복지제도에 해당하지 않는 것은?

① 드림스타트
② 근로장려세제
③ 자산형성지원
④ 초·중·고 무상급식 지원

13. 국민기초생활보장제도에 대한 설명으로 옳은 것만을 모두 고르면?

> ㄱ. 소득인정액이 선정기준 이하여도 근로 능력이 있으면 수급자격이 없다.
> ㄴ. 생계급여, 의료급여, 주거급여 등의 급여로 구성된다.
> ㄷ. 수급자 선정을 위해 기준 중위소득을 기준으로 사용한다.
> ㄹ. 수급자는 반드시 부양의무자가 없는 사람이어야 한다.

① ㄱ, ㄴ, ㄷ
② ㄴ, ㄷ
③ ㄱ, ㄹ
④ ㄴ, ㄷ, ㄹ

14. 「장애인복지법」상 장애인학대 및 장애인 대상 성범죄 신고의무자만을 모두 고르면?

> ㄱ. 장애인 활동지원인력
> ㄴ. 임상병리사
> ㄷ. 초등학교 교사
> ㄹ. 한부모가족복지시설의 장과 그 종사자

① ㄱ, ㄴ
② ㄱ, ㄴ, ㄷ
③ ㄴ, ㄷ, ㄹ
④ ㄱ, ㄴ, ㄷ, ㄹ

15. 한국 사회복지사 윤리강령을 구성하는 요소에 해당하지 않는 것은?
① 윤리기준
② 목적
③ 가치와 원칙
④ 윤리위원회의 구성과 운영

16. 사회복지 전달체계의 개편과정에서 등장한 다음 내용을 먼저 도입된 것부터 순서대로 옳게 나열한 것은?

> ㄱ. 사회복지통합관리망 구축
> ㄴ. 읍·면·동 복지허브화 실시
> ㄷ. 읍·면·동 단위에 사회복지전문요원을 배치하여 공공 복지의 토대 마련
> ㄹ. 시·군·구 희망복지지원단 설치

① ㄱ-ㄷ-ㄴ-ㄹ
② ㄴ-ㄷ-ㄹ-ㄱ
③ ㄷ-ㄱ-ㄹ-ㄴ
④ ㄹ-ㄷ-ㄴ-ㄱ

17. 사회복지(social welfare)와 사회사업(social work)의 비교로 옳지 않은 것은?

	사회복지	사회사업
① 기능	사전예방적	사후치료적
② 초점	사회환경 변화	개인 변화
③ 범위	보편성	개별성
④ 방법	전문 지식과 기술	정책과 제도

18. 프로그램평가검토기법(PERT, Program Evaluation and Review Technique)에 대한 설명으로 옳지 않은 것은?
① 과업별 소요시간을 계산하여 추정한다.
② 임계경로(critical path)를 통해 최종 목표를 달성하기 위해 확보해야 하는 최소한의 시간을 제시할 수 있다.
③ 간트차트(Gantt chart)에 비해 활동 간의 연결성을 파악하는 데 유용하지 않다.
④ 주요 세부목표 또는 활동의 상호관계와 시간계획을 연결시켜 나타낸 것이다.

19. 우리나라의 아동복지사업 및 서비스에 대한 설명으로 옳지 않은 것은?
① 드림스타트(Dream Start)는 사회적으로 취약한 아동을 위한 통합서비스를 제공하며, 시·군·구에서 운영을 담당한다.
② 아동보호전문기관의 장과 종사자는 아동학대 신고의무자이다.
③ 아동복지시설의 장은 보호하고 있는 15세 이상의 아동을 대상으로 매년 개별아동에 대한 자립지원계획을 수립하여야 한다.
④ 부모교육을 통해 부모의 양육기술 증진을 돕는 아동복지서비스는 부모의 부족한 양육기술을 보충해준다는 점에서 카두신(Kadushin)이 구분한 보충적 서비스에 해당한다.

20. 윌렌스키와 르보(Wilensky & Lebeaux)가 분류한 사회복지의 제도적 관점에 해당하는 설명만을 모두 고르면?

> ㄱ. 사회복지제도는 다른 사회제도가 수행하는 기능과 구별되며 독립적으로 수행되는 기능을 갖는다.
> ㄴ. 사회문제는 사회구조적 책임으로 발생한다.
> ㄷ. 사회복지는 가족과 시장체제를 보충하는 역할을 한다.
> ㄹ. 예외주의와 보수주의 이념에 기반을 둔다.

① ㄱ, ㄴ
② ㄱ, ㄴ, ㄹ
③ ㄴ, ㄷ
④ ㄱ, ㄷ, ㄹ

사회복지학개론 제9회

1. 공공부조의 특징에 해당하지 않는 것은?
   ① 사회보험에 비해 재원을 부담하는 자와 수급자가 다른 경우가 많다.
   ② 국가와 지방자치단체의 책임으로 시행되며, 일반조세를 재원으로 한다.
   ③ 급여수준은 수급자의 소득 수준에 비례한다.
   ④ 공공부조의 보충급여 원칙은 수급자의 근로동기를 약화시킬 우려가 있다.

2. 드림스타트(Dream Start) 사업에 대한 설명으로 옳지 않은 것은?
   ① 취약계층의 12세 이하 아동과 가족에게 맞춤형 통합서비스를 제공한다.
   ② 시·도가 아동통합서비스지원기관을 설치·운영한다.
   ③ 아동에 대한 사회투자의 중요성을 강조한다.
   ④ 기회의 평등 가치를 반영하는 선별적 아동복지사업이다.

3. 「사회보장기본법」상 사회서비스의 정의로 옳지 않은 것은?
   ① 사회서비스의 대상은 국가·지방자치단체 및 민간부문의 도움이 필요한 모든 국민이다.
   ② 사회서비스의 보장 분야는 복지, 보건의료, 교육, 고용, 주거, 문화, 환경 등이다.
   ③ 사회서비스의 내용에는 상담, 재활, 돌봄, 정보의 제공, 관련 시설의 이용, 역량 개발, 사회참여 지원 등이 포함된다.
   ④ 사회서비스의 목적은 최저생활 보장과 자립 지원에 있다.

4. 정책결정모형에 대한 설명이 옳은 것만을 모두 고르면?

   ㄱ. 기존 정책을 소폭 수정하는 선에서 정책결정이 이루어진다고 보는 점증모형은 기득권층의 이익을 반영한다는 비판을 받는다.
   ㄴ. 주어진 상황에서 모든 대안에 대한 비용편익분석을 통해 최선의 정책대안을 선택할 수 있다고 보는 합리모형은 비현실적인 모형이라는 비판을 받는다.
   ㄷ. 혼합모형은 정책결정 과정에서 정책결정자의 합리성뿐만 아니라 초합리성도 강조하는 절충 모형이다.
   ㄹ. 만족모형은 인간의 제한된 합리성을 전제하는 정책결정 모형이다.

   ① ㄱ, ㄴ
   ② ㄷ, ㄹ
   ③ ㄱ, ㄴ, ㄹ
   ④ ㄱ, ㄴ, ㄷ, ㄹ

5. 상대적 빈곤 개념과 관계있는 것만을 모두 고르면?

   ㄱ. 라운트리(Rowntree) 방식
   ㄴ. 타운젠드(Townsend) 방식
   ㄷ. 중위소득 기준의 활용
   ㄹ. 라이덴(Leyden) 방식

   ① ㄱ, ㄴ
   ② ㄴ, ㄷ
   ③ ㄷ, ㄹ
   ④ ㄴ, ㄷ, ㄹ

6. 사회복지실천의 윤리에 대한 설명으로 옳지 않은 것은?
   ① 사회복지실천 윤리는 전문직을 외부로부터 보호하는 기능을 한다.
   ② 사회복지실천 과정에서 사회복지사는 서로 다른 의무나 가치가 충돌하는 윤리적 갈등 상황에 처하는 경우가 종종 있다.
   ③ 사회복지사 윤리강령은 사회복지사의 윤리적 실천을 위한 기준과 원칙을 제시한다.
   ④ 우리나라의 사회복지사 윤리강령은 「사회복지사업법」이 제정된 1970년대 초에 제정되었다.

7. 인보관 운동(Settlement Movement)과 관련되는 것만을 모두 고르면?

> ㄱ. 사회개혁을 추구했다.
> ㄴ. 집단사회복지실천의 발전에 기여했다.
> ㄷ. 민간 자선기관들의 서비스 중복문제를 해결하고자 자선기관들의 활동을 통합·조정하였다.
> ㄹ. 구제가치가 있다고 판단되는 빈민만을 원조했다.

① ㄱ, ㄴ
② ㄷ, ㄹ
③ ㄱ, ㄴ, ㄷ
④ ㄴ, ㄷ, ㄹ

8. 사례관리(case management)에 대한 설명으로 옳지 않은 것은?
① 지역사회에서의 보호의 연속성(continuum of care)을 강조한다.
② 사례관리자는 서비스의 직접 제공자가 아니라 간접 제공자 역할을 한다.
③ 클라이언트의 역량강화는 사례관리의 중요한 원칙 중 하나이다.
④ 사례관리자는 서비스가 계획한 대로 잘 전달되고 있는지, 클라이언트의 욕구에 변화가 있는지를 정기적으로 점검하고 재사정하여야 한다.

9. 「사회복지사업법」상 사회복지관에 대한 규정으로 옳지 않은 것은?
① 「사회복지사업법」에서 정의하는 "사회복지사업"에는 사회복지관 운영이 포함된다.
② 지역사회를 기반으로 일정한 시설과 전문인력을 갖추고 지역주민의 참여와 협력을 통하여 지역사회의 복지문제를 예방하고 해결하기 위하여 종합적인 복지서비스를 제공하는 시설을 말한다.
③ 지역복지증진을 위하여 국가·지방자치단체 및 민간 부문의 사회복지서비스를 연계·제공하는 사례관리 사업을 실시할 수 있다.
④ 사회복지관은 모든 지역주민이 아니라 저소득층이나 장애인, 노인, 한부모가족 등 취약계층을 대상으로 사회복지서비스를 실시한다.

10. 우리나라의 사회보장제도에 대한 설명으로 옳지 않은 것은?
① 국민건강보험제도 - 요양급여에 대한 본인부담액이 본인부담상한액을 초과한 경우에는 국민건강보험공단이 그 초과 금액을 부담하여야 한다.
② 산업재해보상보험제도 - 보험료는 사용자가 전액 부담하며, 보험 적용 대상 근로자는 보험료 납부 의무가 없다.
③ 긴급복지지원제도 - 지원대상자는 국민기초생활보장 수급권자 중 위기상황에 처하여 긴급한 지원을 필요로 하는 자이다.
④ 장애인활동지원제도 - 활동지원급여란 수급자에게 제공되는 활동보조, 방문목욕, 방문간호 등의 서비스를 말한다.

11. 사회복지정책의 가치에 대한 설명으로 옳은 것만을 모두 고르면?

> ㄱ. 사회적 적절성의 가치는 사회복지정책이 인간다운 생활을 할 수 있는 정도의 충분한 복지를 제공하는 것을 말한다.
> ㄴ. 국민기초생활보장제도에서의 최저보장수준 개념은 사회적 적절성의 가치를 반영한다.
> ㄷ. 노동의 분화와 역할의 전문화가 고도화된 현대사회에서 그 필요성이 더 증가되는 연대는 기계적 연대이다.
> ㄹ. 현물급여는 현금급여보다 목표효율성이 높고 운영효율성이 낮다.

① ㄱ, ㄴ, ㄷ
② ㄱ, ㄴ, ㄹ
③ ㄴ, ㄷ, ㄹ
④ ㄱ, ㄹ

12. 사회복지조사방법에 대한 설명으로 옳지 않은 것은?
① 관찰을 통해 비언어적인 행동에 대한 자료수집이 가능하다.
② 면접조사는 우편설문에 비해 응답상황을 통제하기 어렵다.
③ 우편설문은 면접조사보다 응답자의 익명성을 보장할 수 있어 민감한 질문에 더 유용하다.
④ 2차자료분석은 비교적 적은 비용으로 대규모 사례를 분석할 수 있어 경제적이며, 비반응적인 방법이다.

13. UN 아동권리협약에서 규정하고 있는 아동의 4대 권리 중 다음 내용은 무엇에 해당하는가?

> ○ 교육받을 권리
> ○ 여가를 즐길 권리
> ○ 문화생활을 하고 정보를 얻을 권리

① 생존권
② 보호권
③ 참여권
④ 발달권

14. 「노인복지법」상 같은 종류의 노인복지시설에 해당하는 것은?
① 노인복지관, 경로당
② 노인요양공동생활가정, 노인공동생활가정
③ 노인요양시설, 양로시설
④ 노인복지주택, 주·야간보호서비스

15. 한국 사회복지사 윤리강령에서 '클라이언트에 대한 윤리기준'을 구성하는 요소가 아닌 것은?
① 정보에 입각한 동의
② 직업적 경계 유지
③ 클라이언트의 사생활 보호 및 비밀 보장
④ 지식기반의 실천 증진

16. 사회복지실천모델에 대한 설명으로 옳지 않은 것은?
① 위기개입모델은 위기 상태에 처한 클라이언트를 즉각적으로 지원함으로써 위기 이전의 기능을 회복할 수 있도록 원조하는 단기적 개입 모델이다.
② 역량강화모델에서 사회복지사는 클라이언트와 협력적 파트너십을 형성한다.
③ 인지행동모델은 특정 이론에 기초하지 않고 다양한 이론과 모델을 절충적으로 사용한다.
④ 해결중심모델은 문제가 아니라 해결에 집중하며 클라이언트의 강점과 자원을 활용한다.

17. 다음 사례는 브래드쇼(J. Bradshaw)의 욕구 유형 중 어떤 욕구를 파악한 것인가?

> 노인인구 비율과 지역 특성이 유사한데도 A 지역의 노인복지서비스가 B 지역보다 현저히 적다면, A 지역에 노인복지서비스가 더 필요하다고 판단한다.

① 규범적 욕구(normative need)
② 인지적 욕구(felt need)
③ 표현적 욕구(expressed need)
④ 비교적 욕구(comparative need)

18. 소득불평등에 대한 설명으로 옳은 것은?
① 지니계수 값이 1에 가까울수록 불평등 문제가 더 심함을 의미한다.
② 로렌츠곡선에서 45도 대각선에 해당하는 지니계수 값은 1이다.
③ 에스핑-안데르센(G. Esping-Andersen)이 구분한 복지국가 유형 중 자유주의 복지국가의 지니계수는 사회민주주의 복지국가의 지니계수보다 낮은 경향이 있다.
④ 5분위배율이 높을수록, 10분위분배율이 낮을수록 더 평등함을 의미한다.

19. 사회복지실천 과정에서 사회복지사가 수행해야 할 다음의 과업들을 수행 순서에 맞게 올바르게 나열한 것은?

> ㄱ. 수집된 자료를 분석하고 심사숙고하여 클라이언트의 문제와 욕구를 이해한다.
> ㄴ. 클라이언트의 문제를 확인하고 기관에서 서비스를 제공할지 적절한 다른 기관으로 의뢰할지를 결정한다.
> ㄷ. 사회복지사의 개입이 클라이언트의 표적문제를 유의미하게 변화시켰는지 평가한다.
> ㄹ. 개입목표와 전략을 구체적으로 설정한다.

① ㄱ-ㄴ-ㄹ-ㄷ
② ㄴ-ㄱ-ㄷ-ㄹ
③ ㄴ-ㄱ-ㄹ-ㄷ
④ ㄹ-ㄴ-ㄱ-ㄷ

20. 엘리자베스 구빈법(1601)에 대한 설명으로 옳은 것은?
① 노동능력이 있는 빈민은 작업장에서 강제 노동을 하게 하였다.
② 중앙정부에 구빈위원회를 설치하여 전국의 구빈 처우 수준을 통일하도록 하였다.
③ 열등처우의 원칙에 기초한 국가의 구빈 책임을 처음으로 천명하였다.
④ 교구연합 단위의 구빈행정 체계를 조직화하고 작업장 노동의 비인도적인 처우 문제를 개선하고자 하였다.

사회복지학개론 제10회

1. 보편주의 원칙을 적용하여 대상자를 결정하는 사회복지 급여나 서비스의 특징과 기본전제로 옳지 않은 것은?
   ① 선별주의 원칙을 적용하는 경우보다 비용의 효율성이 있다.
   ② 사회적 효과성과 사회통합 효과가 크다.
   ③ 사회문제는 사회체계 자체가 불완전하고 불공평하기 때문에 발생한다고 본다.
   ④ 복지 수혜 자격과 기준을 균등화하여 낙인감을 감소시킨다.

2. 우리나라의 노후소득보장제도에 대한 설명으로 옳지 않은 것은?
   ① 국민연금의 가입대상은 국내에 거주하는 국민으로서 18세 이상 60세 미만인 사람이다.
   ② 기초연금은 65세 이상인 사람으로서 소득인정액이 선정기준액 이하인 사람에게 지급한다.
   ③ 국민연금의 노령연금은 가입기간이 10년 이상인 가입자 또는 가입자였던 자에 대하여 수급개시연령이 된 때부터 그가 생존하는 동안 지급된다.
   ④ 본인과 그 배우자가 모두 기초연금 수급권자이면 각각의 기초연금액에서 기초연금액의 30%를 감액한다.

3. 다음 ( ) 안에 들어갈 체계이론의 개념은?

   > 가족 구성원들의 관계 패턴을 바꾸는 것은 쉽지 않다. 왜냐하면 가족 체계에는 체계 내·외부와의 상호작용에서 가족 체계에 변화가 발생했을 때 기존에 늘 해오던 방식으로 다시 돌아가려는 (　　　)(이)라는 특징이 있기 때문이다. 이는 마치 우리 몸이 36.5도의 체온을 유지하기 위해 체온이 그보다 오르면 땀을 흘려 체온을 낮추고, 체온이 그보다 내려가면 몸을 떨며 체온을 올려 36.5도를 다시 회복하려는 경향과 유사하다.

   ① 홀론(holon)
   ② 항상성(homeostasis)
   ③ 안정 상태(steady state)
   ④ 엔트로피(entropy)

4. 우리나라의 사회서비스 전자바우처에 대한 설명으로 옳지 않은 것은?
   ① 우리나라에서 전자바우처 방식의 사회서비스는 2000년대 후반에 도입되었다.
   ② 정부의 재정을 서비스 제공자가 아닌 수요자에게 직접 지원하는 방식이다.
   ③ 금융기관의 시스템을 활용하여 재정 흐름의 투명성이 기존의 재정 지원 방식에 비해 향상되었다.
   ④ 수요자에게 상품을 이용할 수 있는 구매력을 제공하며, 사회서비스 비용은 전액 정부에서 지원된다.

5. 다음의 사회복지시설 중 생활시설은?
   ① 청소년쉼터
   ② 장애인복지관
   ③ 지역아동센터
   ④ 재가노인복지시설

6. 사회복지서비스 전달체계의 원칙으로 가장 적절한 것은?

① 재정 확보를 위해 민간의 자발적 기부에 대한 의존성을 강화한다.
② 서비스 공급자의 이윤을 극대화한다.
③ 서비스 수요자의 접근성과 편리성을 증대한다.
④ 서비스 전달에 대한 책임성을 위해 공공부문에서 독점적으로 서비스를 제공한다.

7. 매슬로우(A. Maslow)의 욕구위계이론에 대한 설명으로 옳은 것은?

① 안전의 욕구는 욕구의 강도가 가장 강하다.
② 자신의 잠재력을 발휘하고자 하는 욕구는 존경의 욕구에 해당한다.
③ 소속과 사랑의 욕구를 충족하는 사람들의 비율은 존경의 욕구를 충족하는 사람들의 비율보다 높다.
④ 자아실현의 욕구가 충족되면 다시 결핍될 때까지 이를 충족하고자 하는 동기가 약해진다.

8. 사회복지 기획과 관리기법에 대한 설명으로 옳은 것만을 모두 고르면?

> ㄱ. 방침관리기획(breakthrough planning)은 확인-조정-계획-실행의 순환적 과정으로 이루어진다.
> ㄴ. 시간별 활동계획도표(Gantt Chart)는 목표달성 기한을 정해놓고 목표달성을 위해 설정된 주요활동과 시간계획을 연결시켜 도표로 나타낸다.
> ㄷ. 프로그램평가검토기법(PERT)은 과업별 소요시간을 계산하여 추정하고, 전체 과업들 간 최적의 시간경로를 파악한다.
> ㄹ. 총괄진행표(Flow Chart)는 프로그램 제공과정을 시작부터 종료까지 한눈에 보여준다.

① ㄱ, ㄴ
② ㄱ, ㄷ, ㄹ
③ ㄴ, ㄷ, ㄹ
④ ㄷ, ㄹ

9. 베버리지 보고서(Beveridge Report)에 대한 설명으로 옳지 않은 것은?

① 1942년에 제출된 보고서로 영국 복지국가의 기초를 설계했다는 평가를 받는다.
② 궁핍(want), 질병(disease), 무지(ignorance), 불결(squalor), 나태(idleness)의 5대 사회악을 제시했다.
③ 사회보장은 5대 사회악 중 궁핍의 제거에 초점을 두며, 사회보장의 핵심은 소득보장에 있다고 보았다.
④ 국민최저선(national minimum) 보장을 위해 사회보장에서 가장 중요한 것은 공공부조제도라고 보았다.

10. 조지와 윌딩(V. George & P. Wilding)이 제시한 사회복지정책 이념의 입장을 옳게 연결한 것만을 모두 고르면?

> ㄱ. 소극적 집합주의 - 핵심 가치는 자유, 불평등, 개인주의이다.
> ㄴ. 사회민주주의 - 실용적인 차원에서 사회 안정과 질서 유지를 위해 복지국가가 어느 정도는 필요하다.
> ㄷ. 마르크스주의 - 사회복지를 확대하더라도 자본주의의 근본적 모순은 극복할 수 없다.
> ㄹ. 신우파 - 사회복지정책의 확대가 경제적 비효율성과 근로동기의 약화를 초래했다.

① ㄱ, ㄴ
② ㄷ, ㄹ
③ ㄱ, ㄴ, ㄷ
④ ㄴ, ㄷ, ㄹ

11. 사회복지실천의 면접기술의 예시가 옳게 연결된 것은?

① 직면 – "방금 말씀하신 내용을 좀 더 구체적으로 이야기해 주실 수 있을까요?"

② 공감 – "계획대로 일이 풀리지 않아 상심이 컸겠어요."

③ 명료화 – "남편에 대한 스트레스를 아드님에게 풀고 있는 건 아닐까요?"

④ 해석 – "(모의고사에서 틀린 문제로 낙담하는 클라이언트에게) 그 문제들을 실제 시험이 아니라 모의고사에서 틀렸으니 다행이라고도 볼 수 있지 않을까요? 미리 예방주사 맞았다고 생각합시다."

12. 리머(Reamer)의 윤리적 결정지침을 옳게 제시한 것만을 모두 고르면?

ㄱ. 개인의 기본적 복지권은 타인의 자기결정권에 우선한다.
ㄴ. 개인의 자기결정권은 그 자신의 기본적 복지권에 우선한다.
ㄷ. 개인의 완전한 재산관리권은 공공재를 증진시킬 의무에 우선한다.
ㄹ. 개인의 복지권은 그와 갈등을 일으키는 법률, 규칙 및 규정 등에 우선한다.

① ㄱ, ㄴ
② ㄱ, ㄴ, ㄹ
③ ㄱ, ㄷ, ㄹ
④ ㄴ, ㄷ, ㄹ

13. 로스만(J. Rothman)의 지역사회개발모델의 특징이 아닌 것은?

① 과정목표에 중점을 둔다.
② 지역사회의 문제해결 능력을 배양하고자 한다.
③ 권력구조를 고용주와 후원자로 간주한다.
④ 변화를 위한 전술로 합의, 의사소통, 토론을 사용한다.

14. 사회복지조직에서 나타날 수 있는 다음과 같은 병폐를 각각 무엇이라 하는가?

(가) 사회복지조직이 투입비용을 줄이고 성과를 극대화시키고자 비교적 성공가능성이 높은 클라이언트를 선별해 받으려는 경향
(나) 성과평가에서 양적 지표 사용에 따른 부작용으로, 업무 담당자들이 서비스 효과성 자체보다는 지표관리에만 치중하게 되는 경향

	(가)	(나)
①	크리밍	레드테이프
②	크리밍	기준행동
③	기준행동	크리밍
④	레드테이프	매너리즘

15. 우리나라 사회보장제도의 다음 급여 중 현금급여에 해당하지 않는 것은?

① 노인장기요양보험제도의 재가급여
② 고용보험제도의 구직급여
③ 산업재해보상보험제도의 휴업급여
④ 국민기초생활보장제도의 생계급여

16. 우리나라의 장애인복지법령에 따른 장애 유형에 대한 설명으로 옳지 않은 것은?

① 크게 신체적 장애와 정신적 장애로 구분된다.
② 청각장애 및 언어장애는 신체적 장애 중 외부 신체기능 장애에 해당한다.
③ 심장장애와 신장장애는 우리나라의 장애인복지법령상 장애 유형에 포함된다.
④ 뇌병변장애와 자폐성장애는 정신적 장애에 해당한다.

17. 「아동학대범죄의 처벌 등에 관한 특례법」에서 명시하고 있는 아동학대 신고의무자는?

① 판사
② 사회복지전담공무원
③ 아동학대전담공무원
④ 경찰관

18. 다음에서 설명하는 내용에 가장 부합하는 학교사회복지실천모델은?

> ○ 개별학생의 잠재적 학습 능력을 저해하는 사회·정서적 문제에 개입의 초점을 맞춘다.
> ○ 문제 해결을 위해 학생, 가족 등을 대상으로 개별상담, 집단활동, 가정방문 등을 실시한다.
> ○ 학교사회복지사가 담당하는 주요 역할은 학생의 문제를 사정하고 상담하는 상담자 역할, 가족과 교사에게 학생의 문제를 설명하는 정보제공자 역할, 정서적 지지자 역할 등이다.

① 전통적 임상모델
② 학교변화모델
③ 지역사회-학교모델
④ 학교-지역사회-학생 관계 모델

19. 한국 사회복지사 윤리강령에서 제시하고 있는 윤리강령의 목적에 해당하지 않는 것은?

① 시민에게 전문가로서 사회복지사의 역할과 태도를 알리는 수단으로 작용한다.
② 사회복지사가 전문가로서 품위와 자질을 유지하고, 자기 관리를 통해 클라이언트를 보호할 수 있도록 안내한다.
③ 사회복지사가 클라이언트와의 관계에서 법적인 책임을 면할 수 있도록 돕는다.
④ 사회복지 전문직의 사명과 사회복지 실천의 기반이 되는 핵심 가치를 제시한다.

20. 「정신건강증진 및 정신질환자 복지서비스 지원에 관한 법률」에 대한 설명으로 옳지 않은 것은?

① 2016년에 기존 「정신보건법」을 「정신건강증진 및 정신질환자 복지서비스 지원에 관한 법률」로 변경하였다.
② 정신질환자에 대해서는 입원 또는 입소가 최소화되도록 지역 사회 중심의 치료가 우선적으로 고려되어야 하며, 정신건강증진시설에 자신의 의지에 따른 입원 또는 입소가 권장되어야 한다.
③ 자의입원, 동의입원, 보호의무자에 의한 입원, 특별자치시장·특별자치도지사·시장·군수·구청장에 의한 입원, 그리고 응급입원을 규정하고 있다.
④ 정신병원은 정신건강증진시설에 포함되지 않는다.

공무원 공개경쟁채용 필기시험 답안지

응시자 준수사항

□ 답안지 작성요령

※ 다음 사항을 준수하지 않을 경우에 발생하는 불이익은 응시자에게 귀책사유가 있으므로 기재된 내용대로 이행하여 주시기 바랍니다.

1. 득점은 OCR 스캐너 판독결과에 따라 산출합니다. 모든 기재 및 표기사항은 "컴퓨터용 검은색 사인펜"을 사용하여 반드시 〈보기〉의 올바른 표기 방식으로 답안을 작성하여야 합니다.

   답안을 전부 채우지 않고 점만 찍어 표기한 경우, 번점 등으로 두 개 이상의 답안에 표기된 경우, 도구가 없는 컴퓨터용 사인펜을 사용하여 답안을 흐리게 표기한 경우 등 올바른 표기 방식에 따르지 않아 발생할 수 있는 불이익(득점 불인정 등)은 응시자 본인 책임이므로 각별히 유의하시기 바랍니다.

   〈보기〉 올바른 표기 : ●   잘못된 표기 : ⊘⊗◐◯⦿◉③

2. 빨간색볼펜, 연필, 샤프펜 등 볼펜이 종류와 상관없이 예비표기를 해서 본인 응시자격 변별에 표기하신 경우에는 불이익을 받을 수 있으므로 각별히 주의하시기 바랍니다.

3. 답안지를 받으면 상단에 **책형, 필적감정용 기재란, 성명, 자필성명, 응시직렬, 응시지역, 응시번호, 생년월일**을 빠짐없이 정확하게 작성(표기)하여야 합니다.

   가. (책 형) 응시자는 시험 시작 전 감독관의 지시에 따라 문제책 앞면에 인쇄된 책형을 확인한 후, 답안지의 책형란에 해당 책형(1개)을 "●"로 표기하여야 합니다.

   나. (필적감정용 기재) 예시문과 동일한 내용을 본인의 필적으로 직접 작성하여야 합니다.

   다. (자필성명) 본인의 한글성명을 정자로 직접 기재하여야 합니다.

   ※ 책형 및 인적사항을 기재하지 않을 경우 본인(당해시험 무효 처리 등)을 받을 수 있습니다.

   라. (교체답안지 작성) 답안지를 교체하면 반드시 교체답안지 상단 책형란에 해당 책형(1개)을 "●"로 표기하고, 필적감정용 기재란, 성명, 자필성명, 응시직렬, 응시지역, 응시번호, 생년월일을 빠짐없이 작성(표기)하여야 하며, 작성한 답안지는 1인 1매만 유효합니다.

4. 시험이 시작되면 문제책 편철과 문제책 표지의 과목순서 간의 일치 여부, 문제 누락·파손 등 문제책 인쇄상태를 반드시 확인하여야 합니다.

5. 답안은 반드시 문제책 표지의 과목순서에 맞추어 표기하여야 하며, 과목순서를 바꾸어 표기한 경우에도 문제책 표지의 과목순서대로 채점되므로 각별히 유의하시기 바랍니다.

6. 답안은 매 문항마다 반드시 하나의 답만을 골라 그 숫자에 "●"로 표기하여야 하며, 답안을 잘못 표기하였을 경우에는 답안지를 교체하여 작성하거나 수정테이프만을 사용하여 수정할 수 있으며(수정액 또는 수정스티커 등은 사용 불가), 재차 수정도 가능합니다. 수정테이프 이외 다른 수정도구 사용 시 채점상 불이익을 받을 수 있으므로 특히 주의하시기 바랍니다.
   - 표기한 답안을 수정하는 경우에는 응시자 본인이 가져온 수정테이프를 사용하여 해당 부분을 완전히 지우고 부주의로 인해 발생하는 표기 흔적이 없도록 두드려주어야 합니다.(수정액 또는 수정스티커 등은 사용 불가)
   - 불량 수정테이프의 사용 또는 불완전한 수정처리로 인해 발생하는 문제는 응시자 본인에게 책임이 있음을 유념하시기 바랍니다.

7. 답안지는 훼손·오염되거나 구겨지지 않도록 주의하여야 하며, 특히 답안지 상단의 타이밍 마크(▮▮▮▮▮)를 절대 훼손해서는 안됩니다.

□ 부정행위 등 금지

※ 다음 사항을 위반한 경우에는 공무원임용시험령 제51조(부정행위자 등에 대한 조치)에 따라 그 시험이 정지, 무효, 합격취소, 5년간 공무원임용시험 응시자격 정지 등의 불이익 처분을 받게 됩니다.

1. 시험 시작 전까지 문제내용을 보아서는 안됩니다.

2. 시험시간 중 통신, 계산 또는 검색 기능이 있는 일체의 전자기기(휴대전화, 태블릿PC, 노트북, 스마트워치 및 스마트밴드, 이어폰, 전자담배, 전자계산기, 전자사전 등)를 소지할 수 없습니다.

3. 응시표 출력사항 외 시험과 관련된 내용이 인쇄 또는 메모된 응시표를 시험시간 중 소지하고 있는 경우 당해시험 무효 처분을 받을 수 있으며, 특히 부정한 자료로 판단되는 경우에는 5년간 공무원임용시험 응시자격 정지 처분을 받을 수 있습니다.

4. 시험 중 물품(수정테이프, 컴퓨터용 사인펜 등)을 빌리거나 빌려주는 부정행위로 간주될 수 있습니다.

5. 시험종료 후에도 계속하여 답안지를 작성하거나, 시험감독관의 답안지 제출 지시에 따르지 않을 경우에는 무효처분을 받게 됩니다.
   - 답안, 책형 및 인적사항 등 모든 기재(표기) 사항 작성은 시험종료 전까지 해당 시험실에서 완료하여야 하며, 특히 답안지 작성 시 누락되는 항목이 없도록 유의하시기 바랍니다.

6. 답안지 기재가 끝났더라도 시험종료 후 시험감독관의 지시가 있을 때까지 퇴실할 수 없으며, 배부된 모든 답안지는 반드시 제출하여야 합니다.

7. 그 밖에 공고문의 응시자 준수사항이나 시험감독관의 정당한 지시 등을 따르지 않을 경우 부정행위자로 간주될 수 있습니다.

공무원 공개경쟁채용 필기시험 답안지

컴퓨터용 검은색 사인펜만 사용

응시자 준수사항

□ 답안지 작성요령

※ 다음 사항을 준수하지 않을 경우에 발생하는 불이익은 응시자에게 귀책사유가 있으므로 기재된 내용대로 이행하여 주시기 바랍니다.

득점은 OCR 스캐너 판독결과에 따라 산출합니다. 모든 기재 및 표기사항은 "컴퓨터용 검은색 사인펜"을 사용하여 반드시 〈보기〉의 올바른 표기 방식으로 답안을 작성하여야 합니다.

답안을 전부 채우지 않고 절반 쪽만 표기한 경우, 번짐 등으로 두 개 이상의 답안에 표기된 경우, 농도가 옅어 컴퓨터용 사인펜을 사용하여 답안을 흐리게 표기한 경우 등 올바른 방식에 따르지 않아 발생할 수 있는 불이익(득점 불인정 등)은 응시자 본인 책임이므로 유의하시기 바랍니다.

〈보기〉 올바른 표기 : ●   잘못된 표기 : ⊙⊗⊕◐◑○◉②③

2. 빨간색볼펜, 연필, 샤프펜 등 펜이 중복된 성분이 있으면 예비표기를 해서 중복 답안으로 판독될 경우에는 불이익을 받을 수 있으므로 각별히 주의하시기 바랍니다.

3. 답안지를 받으면 맨 위 상단에 **책형, 필적감정용 기재란, 성명, 자필성명, 응시직렬, 응시지역, 응시번호, 생년월일**을 빠짐없이 작성(표기)하여야 합니다.

   가. (책 형) 응시자는 시험 시작 전 감독관의 지시에 따라 문제책 앞면에 인쇄된 책형을 확인한 후, 답안지 책형란에 해당 책형(1개)을 "●"로 표기하여야 합니다.

   나. (필적감정용 기재) 예시문과 동일한 내용을 본인의 필적으로 직접 작성하여야 합니다.

   다. (자필성명) 본인의 한글성명을 정자로 직접 기재하여야 합니다.

   ※ 책형 및 인적사항을 기재하지 않을 경우 불이익(당해시험 무효 처리 등)을 받을 수 있습니다.

   라. (교체답안지 작성) 답안지를 교체하면 반드시 교체답안지 앞면의 책형란에 해당 책형 (1개)을 "●"로 표기하고, 필적감정용 기재란, 성명, 자필성명, 응시직렬, 응시지역, 응시번호, 생년월일을 빠짐없이 **작성(표기)** 하여야 하며, 작성한 답안지는 1인 1매만 유효합니다.

4. 시험이 시작되면 문제책 편철과 표지의 과목순서 간의 일치 여부, 문제 누락, 파손 등 문제책 인쇄상태를 반드시 확인하여야 합니다.

5. 답안은 반드시 문제책 표지의 과목순서에 맞추어 표기하여야 하며, 과목 순서를 바꾸어 표기한 경우에도 문제책 표지의 과목 순서대로 채점되므로 각별히 유의하시기 바랍니다.

6. 답안지 매 문항마다 반드시 하나의 답만을 골라 그 숫자에 "●"로 표기하여야 하며, 답안을 잘못 표기하였을 경우에는 응시자 본인이 가져온 응시표기용프린트를 사용하여 해당 부분을 완전히 지우고 부착된 부분이 떨어지지 않도록 눌러주어야 합니다.(수정액 또는 수정스티커 등은 사용 불가)
   - 불량 수정테이프의 사용 또는 불완전한 수정처리로 인해 발생하는 문제는 응시자 본인에게 책임이 있음을 유념하시기 바랍니다.

7. 답안지는 훼손·오염되거나 구겨지지 않도록 주의하여야 하며, 특히 답안지 상단의 타이밍 마크(▮▮▮▮▮)를 절대 훼손해서는 안됩니다.

□ 부정행위 등 금지

※ 다음 사항을 위반한 경우에는 공무원임용시험령 제51조(부정행위자 등에 대한 조치)에 따라 그 시험의 정지, 무효, 합격취소, 5년간 공무원임용시험 응시자격 정지 등의 불이익 처분을 받게 됩니다.

1. 시험시작 전까지 문제내용을 보아서는 안됩니다.

2. 시험시간 중 통신, 계산 또는 검색 기능이 있는 일체의 전자기기(휴대전화, 노트북, 스마트워치 및 스마트밴드, 스마트안경, 이어폰, 전자담배, 전자계산기, 전자사전 등)를 소지할 수 없습니다.

3. 응시표 출력사항 외 시험과 관련된 내용이 인쇄 또는 메모된 응시표를 시험시간 중 소지하고 있는 경우 당해시험 무효처분을 받을 수 있으며, 특히 부정행위자로 판단되는 경우에는 5년간 공무원임용시험 응시자격 정지 처분을 받을 수 있습니다.

4. 시험 중 물품(수정테이프, 컴퓨터용 사인펜 등)을 빌리거나 빌려주는 행위는 부정행위로 간주될 수 있습니다.

5. 시험종료 후에도 계속하여 답안지를 작성하거나, 시험감독관의 답안지 제출 지시에 따르지 않을 경우에는 무효처분을 받게 됩니다.

6. 답안, 채점 및 인적사항 등 모든 기재(표기) 사항 작성은 시험종료 전까지 해당 시험실에서 완료하여야 하며, 특히 답안 작성 시 누락되는 항목이 없도록 유의하시기 바랍니다.
   - 답안 기재가 끝났다 하더라도 시험종료 후 시험감독관의 지시가 있을 때까지 퇴실할 수 없으며, 배부된 모든 답안지는 반드시 제출하여야 합니다.

7. 그 밖에 공고문의 응시자 준수사항이나 시험감독관의 정당한 지시 등을 따르지 않을 경우 부정행위자로 간주될 수 있습니다.

공무원 공개경쟁채용 필기시험 답안지

컴퓨터용 검은색 사인펜만 사용

책 형: Ⓐ Ⓑ Ⓒ Ⓓ Ⓔ

[필적감정용 기재]
* 아래 예시문을 옮겨 기재하시기 바랍니다.
예시: 본인은 OOO(응시자성명)임을 확인함

기 재 란

성 명	
자필성명	본인 성명 기재
응시직렬	
응시지역	

응시번호: ⓪①②③④⑤⑥⑦⑧⑨ (7자리)

생년월일: ⓪①②③④⑤⑥⑦⑧⑨

※ 시험감독관 서명
(성명을 정자로 기재하시기 바랍니다.)

빨간색 볼펜만 사용

제1과목
문번				
1~20	①	②	③	④

제2과목
문번				
1~20	①	②	③	④

제3과목
문번				
1~20	①	②	③	④

제4과목
문번				
1~20	①	②	③	④

제5과목
문번				
1~20	①	②	③	④

응시자 준수사항

□ 답안지 작성요령

※ 다음 사항을 준수하지 않을 경우에 발생하는 불이익은 응시자에게 귀책사유가 있으므로 기재된 내용대로 이행하여 주시기 바랍니다.

1. 득점은 OCR 스캐너 판독결과에 따라 산출합니다. 모든 기재 및 표기사항은 "컴퓨터용 검은색 사인펜"을 사용하여 반드시 〈보기〉의 올바른 표기 방식으로 답안을 작성하여야 합니다.

   답안을 전부 채우지 않고 점만 속이 찍혀 있게 표기한 경우, 번짐 등으로 두 개 이상의 답안에 표기가 된 경우, 누도가 엷은 컴퓨터용 사인펜을 사용하여 답안을 흐리게 표기한 경우 등 올바른 표기 방식을 따르지 않아 발생할 수 있는 불이익(득점 불인정 등)은 응시자 본인 책임이므로 각별히 주의하시기 바랍니다.

   〈보기〉 올바른 표기 : ●   잘못된 표기 : ⊘ ⊗ ◐ ◑ ◯ ● ◉ ③

2. 빨간색불펜, 연필, 사프펜 등 펜의 종류나 색상과 상관없이 예비표기를 해서 응시자 본인의 책임이므로 각별히 주의하시기 바랍니다.

   경우에는 불이익을 받을 수 있으므로 본인의 책임하에 주의하시기 바랍니다.

3. 답안지를 받으면 반드시 상단에 **책형, 필적감정용 기재란, 성명, 자필성명, 응시직렬, 응시지역, 응시번호, 생년월일**을 빠짐없이 작성(표기)하여야 합니다.

   가. (책 형) 응시자는 시험 시작 전 감독관 지시에 따라 문제책 앞면에 인쇄된 책형을 확인한 후, 답안지 책형란에 해당 책형(1개)을 "●"로 표기하여야 합니다.

   나. (필적감정용 기재) 본인이 직접 예시문과 동일한 내용을 본인의 필적으로 직접 기재하여야 합니다.

   다. (자필성명) 본인의 한글성명을 정자로 직접 기재하여야 합니다.

   ※ 책형 및 인적사항을 기재하지 않을 경우 본인의 답안지와 다른 처리 등을 받을 수 있습니다.

   라. (교체답안지 작성) 답안지를 교체하면 반드시 교체답안지 상단 책형란에 해당 책형 (1개)을 "●"로 표기하고, 필적감정용 기재란, 성명, 자필성명, 응시직렬, 응시지역, 응시번호, 생년월일을 빠짐없이 **작성(표기)** 하여야 하며, 작성한 답안지는 1인 1매만 유효합니다.

4. 시험이 시작되면 문제책 편철과 표지의 과목순서 간의 일치 여부, 문제 누락, 파손 등 문제책 인쇄상태를 반드시 확인하여야 합니다.

5. 답안은 반드시 문제책 표지의 과목순서에 맞추어 표기하여야 하며, 과목 순서를 바꾸어 표기한 경우에도 문제책 표지의 과목순서대로 채점되므로 각별히 유의하시기 바랍니다.

6. 답안은 매 문항마다 반드시 하나의 답만을 골라 그 숫자에 "●"로 표기하여야 하며, 답안을 잘못 표기하였을 경우에는 답안지를 교체하거나 수정테이프를 사용하여 수정할 수 있습니다. (수정액 또는 수정스티커 등은 사용 불가)

   - 표기한 답안을 수정하는 경우에는 응시자 본인이 가져온 수정테이프를 사용하여 해당 부분을 완전히 지우고 부착된 표기가 떨어지지 않도록 눌러 주어야 합니다. (수정테이프로 수정한 부분은 다시 덧칠하거나 연필 및 펜 등으로 재 표기 불가)
   - 불량 수정테이프의 사용 또는 불완전한 수정처리로 인해 발생하는 문제는 응시자 본인에게 책임이 있음을 유념하시기 바랍니다.

7. 답안지는 훼손·오염되거나 구겨지지 않도록 주의하여야 하며, 특히 답안지 상단의 타이밍 마크(▮▮▮▮▮)를 절대 훼손해서는 안됩니다.

□ 부정행위 등 금지

※ 다음 사항을 위반한 경우에는 공무원임용시험령 제51조(부정행위자 등에 대한 조치)에 따라 그 시험의 정지, 무효, 합격취소, 5년간 공무원임용시험 응시자격 정지 등의 불이익 처분을 받게 됩니다.

1. 시험시작 전까지 문제내용을 보아서는 안됩니다.

2. 시험시간 중 통신, 계산 또는 검색 기능이 있는 일체의 전자기기(휴대전화, 노트북, 스마트워치 및 스마트밴드, 스마트안경, 이어폰, 전자담배, 전자사전 등)를 소지할 수 없습니다.

3. 응시표 출력사항 외 시험과 관련된 내용이 인쇄 또는 메모된 응시표를 시험시간 중 소지하고 있는 경우 당해시험 무효 처분을 받을 수 있으며, 특히 부정한 자료로 판단되는 경우에는 5년간 공무원 임용시험 응시자격 정지 처분을 받을 수 있습니다.

4. 시험 중 물품(수정테이프, 컴퓨터용 사인펜 등)을 빌리거나 빌려주는 행위는 부정행위로 간주될 수 있습니다.

5. 시험종료 후에도 계속하여 답안지를 작성하거나, 시험감독관의 답안지 제출 지시에 따르지 않을 경우에는 무효처분을 받게 됩니다.

6. 답안, 책형 및 인적사항 등 모든 기재(표기) 사항 작성은 시험종료 전까지 해당 시험실에서 완료하여야 하며, 특히 답안지 작성 시 누구에게도 보이지 않도록 유의하시기 바랍니다.
   - 답안, 책형 및 인적사항 등을 시험종료 후 시험감독관의 지시가 있을 때까지 작성할 경우 부정행위자로 간주될 수 있으며, 배부된 모든 답안지는 반드시 제출하여야 합니다.

7. 그 밖에 공고문의 응시자 준수사항이나 시험감독관의 정당한 지시 등을 따르지 않을 경우 부정행위자로 간주될 수 있습니다.

공무원 공개경쟁채용 필기시험 답안지

컴퓨터용 검은색 사인펜만 사용
(필적감정용 기재)
* 아래 예시문을 옮겨 기재하시기 바랍니다.
예시 : 본인은 OOO(응시자성명)임을 확인함

책 형
Ⓐ Ⓑ Ⓒ Ⓓ Ⓔ

기 재 란

성명	자필성명	본인 성명 기재
	응시직렬	
	응시지역	

응시번호
생년월일

※ 시험감독관 서명
(성명을 정자로 기재하시기 바랍니다.)

빨간색 볼펜만 사용

제1과목 (문번 1–20, ① ② ③ ④)

제2과목 (문번 1–20, ① ② ③ ④)

제3과목 (문번 1–20, ① ② ③ ④)

제4과목 (문번 1–20, ① ② ③ ④)

제5과목 (문번 1–20, ① ② ③ ④)

응시자 준수사항

□ 답안지 작성요령

※ 다음 사항을 준수하지 않을 경우에 발생하는 불이익은 응시자에게 귀책사유가 있으므로 기재된 내용대로 이행하여 주시기 바랍니다.

독점은 OCR 스캐너 판독결과에 따라 산출합니다. 모든 기재 및 표기사항은 "컴퓨터용 사인펜"을 사용하여 반드시 〈보기〉의 올바른 표기 방식으로 답안을 작성하여야 합니다.

답안을 전부 채우지 않고 절반 쪽만 표기한 경우, 번짐 등으로 두 개 이상의 답안에 표기된 경우, 누구가 없는 컴퓨터용 사인펜을 사용하여 답안을 흐리게 표기한 경우 등 올바른 표기 방식을 따르지 않아 발생할 수 있는 불이익은 (특점 부여 인정 등)은 응시자 본인 책임이므로 유의하시기 바랍니다.

〈보기〉 올바른 표기 : ●   잘못된 표기 : ⊘⊗①◑◐②③

1. 빨간색볼펜, 연필, 샤프펜 등 펜의 종류와 상관없이 예비표기를 해서 중복 답안으로 판독된 경우에는 불이익을 받을 수 있으므로 각별히 주의하시기 바랍니다.

2. 답안지를 받으면 상단에 **책형, 필적감정용 기재란, 성명, 자필성명, 응시직렬, 응시지역, 응시번호, 생년월일**을 빠짐없이 정확하게 작성(표기)하여야 합니다.

   가. (책 형) 응시자는 시험 시작 전 감독관 지시에 따라 문제책 앞면에 인쇄된 책형을 확인한 후, 답안지 책형란에 해당 책형(1개)을 "●"로 표기하여야 합니다.

   나. (필적감정용 기재) 보이는 문예시문과 동일한 내용을 본인의 필적으로 직접 작성하여야 합니다.

   다. (자필성명) 본인의 한글성명을 정자로 직접 기재하여야 합니다.

   ※ 책형 및 인적사항을 기재하지 않을 경우 불이익(당해시험 무효 처리 등)을 받을 수 있습니다.

   라. (교체답안지 작성) 답안지를 교체하면 반드시 교체답안지 상단 책형란에 해당 책형 (1개)을 "●"로 표기하고, 필적감정용 기재란, 성명, 자필성명, 응시직렬, 응시지역, 응시번호, 생년월일을 빠짐없이 작성(표기)하여야 하며, 작성한 답안지는 1인 1매만 유효합니다.

3. 시험이 시작되면 문제책 편철과 표지의 과목순서 간의 일치 여부, 문제 누락, 파손 등 문제책 인쇄상태를 반드시 확인하여야 합니다.

4. 답안은 반드시 문제책 표지의 과목순서에 맞추어 표기하여야 하며, 과목 순서를 바꾸어 표기한 경우에도 문제책 표지의 과목 순서대로 채점되므로 각별히 유의하시기 바랍니다.

5. 답안은 매 문항마다 반드시 하나의 답만을 골라 그 숫자에 "●"로 표기하여야 하며, 답안을 잘못 표기하였을 경우에는 답안지를 교체하여 작성하거나 수정테이프만을 사용하여 해당 부분을 완전히 지우고 부주의 등으로 인해 발생할 수 있도록 다시 표기하여야 합니다. (수정액 또는 수정스티커 등은 사용 불가)
   - 불량 수정테이프의 사용 또는 불완전한 수정처리로 인해 발생하는 문제는 응시자 본인에게 책임이 있음을 유념하시기 바랍니다.

6. 답안지는 훼손·오염되거나 구겨지지 않도록 주의하여야 하며, 특히 답안지 상단의 타이밍 마크(▮ ▮ ▮ ▮ ▮)를 절대 훼손해서는 안됩니다.

□ 부정행위 등 금지

※ 다음 사항을 위반한 경우에는 공무원임용시험령 제51조(부정행위자 등에 대한 조치)에 따라 그 시험의 정지, 무효, 합격취소, 5년간 공무원임용시험 응시자격 정지 등의 불이익 처분을 받게 됩니다.

1. 시험시작 전까지 문제내용을 보아서는 안됩니다.

2. 시험시간 중 통신, 계산 또는 검색 기능이 있는 일체의 전자기기(휴대전화, 태블릿PC, 노트북, 스마트워치 및 밴드, 스마트안경, 이어폰, 전자담배, 전자계산기, 전자사전 등)를 소지할 수 없습니다.

3. 응시표 출력사항 외 시험과 관련된 내용이 인쇄 또는 메모되어 있는 물품을 시험시간 중 소지하고 있는 경우 당해시험 무효 처분을 받을 수 있으며, 특히 부정한 자료로 판단되는 경우에는 5년간 공무원 임용시험 응시자격 정지 처분을 받을 수 있습니다.

4. 시험 중 물품(수정테이프, 컴퓨터용 사인펜 등)을 빌리거나 빌려주는 행위는 부정행위로 간주될 수 있습니다.

5. 시험종료 후에도 계속하여 답안지를 작성하거나, 시험감독관의 답안지 제출 지시에 따르지 않을 경우에는 무효처분을 받게 됩니다.

6. 답안, 책형 및 인적사항 등 모든 기재(표기) 사항 작성이 끝났더라도 시험종료 전까지 안료하여야 하며, 특히 답안지 작성 시 누구라도 보이지 않도록 유의하시기 바랍니다.

7. 그 밖에 공고문의 응시자 준수사항이나 시험감독관의 정당한 지시 등을 따르지 않을 경우 부정행위자로 간주될 수 있습니다.

공무원 공개경쟁채용 필기시험 답안지

컴퓨터용 검은색 사인펜만 사용

책형
- Ⓐ Ⓑ Ⓒ Ⓓ Ⓔ

【필적감정용 기재】
* 아래 예시문을 옮겨 기재하시기 바랍니다.
예시: 본인은 OOO(응시자성명)임을 확인함

기 재 란

응시자 정보
성명	자필성명	응시직렬	응시지역

본인 성명 기재

응시번호

생년월일

※ 시험감독관 서명
(성명을 정자로 기재하시기 바랍니다.)

빨간색 볼펜만 사용

제1과목
문번				
1	①	②	③	④
2	①	②	③	④
3	①	②	③	④
4	①	②	③	④
5	①	②	③	④
6	①	②	③	④
7	①	②	③	④
8	①	②	③	④
9	①	②	③	④
10	①	②	③	④
11	①	②	③	④
12	①	②	③	④
13	①	②	③	④
14	①	②	③	④
15	①	②	③	④
16	①	②	③	④
17	①	②	③	④
18	①	②	③	④
19	①	②	③	④
20	①	②	③	④

제2과목
문번				
1	①	②	③	④
2	①	②	③	④
3	①	②	③	④
4	①	②	③	④
5	①	②	③	④
6	①	②	③	④
7	①	②	③	④
8	①	②	③	④
9	①	②	③	④
10	①	②	③	④
11	①	②	③	④
12	①	②	③	④
13	①	②	③	④
14	①	②	③	④
15	①	②	③	④
16	①	②	③	④
17	①	②	③	④
18	①	②	③	④
19	①	②	③	④
20	①	②	③	④

제3과목
문번				
1	①	②	③	④
2	①	②	③	④
3	①	②	③	④
4	①	②	③	④
5	①	②	③	④
6	①	②	③	④
7	①	②	③	④
8	①	②	③	④
9	①	②	③	④
10	①	②	③	④
11	①	②	③	④
12	①	②	③	④
13	①	②	③	④
14	①	②	③	④
15	①	②	③	④
16	①	②	③	④
17	①	②	③	④
18	①	②	③	④
19	①	②	③	④
20	①	②	③	④

제4과목
문번				
1	①	②	③	④
2	①	②	③	④
3	①	②	③	④
4	①	②	③	④
5	①	②	③	④
6	①	②	③	④
7	①	②	③	④
8	①	②	③	④
9	①	②	③	④
10	①	②	③	④
11	①	②	③	④
12	①	②	③	④
13	①	②	③	④
14	①	②	③	④
15	①	②	③	④
16	①	②	③	④
17	①	②	③	④
18	①	②	③	④
19	①	②	③	④
20	①	②	③	④

제5과목
문번				
1	①	②	③	④
2	①	②	③	④
3	①	②	③	④
4	①	②	③	④
5	①	②	③	④
6	①	②	③	④
7	①	②	③	④
8	①	②	③	④
9	①	②	③	④
10	①	②	③	④
11	①	②	③	④
12	①	②	③	④
13	①	②	③	④
14	①	②	③	④
15	①	②	③	④
16	①	②	③	④
17	①	②	③	④
18	①	②	③	④
19	①	②	③	④
20	①	②	③	④

응시자 준수사항

□ 답안지 작성요령

※ 다음 사항을 준수하지 않은 경우에 발생하는 불이익은 응시자에게 귀책사유가 있으므로 기재된 내용대로 이행하여 주시기 바랍니다.

1. 득점은 OCR 스캐너 판독결과에 따라 산출합니다. 모든 기재 및 표기사항은 "컴퓨터용 검은색 사인펜"을 사용하여 반드시〈보기〉의 올바른 표기 방식으로 답안을 작성하여야 합니다.

   답안을 전부 체크하지 않고 점만 찍어 표기한 경우, 번짐 등으로 두 개 이상의 답안에 표기 된 경우, 농도가 옅은 컴퓨터용 사인펜을 사용하여 답안을 흐리게 표기한 경우 등 올바른 표기 방식을 따르지 않아 발생할 수 있는 불이익(득점 불인정 등)은 응시자 본인 책임이므로 유의하시기 바랍니다.

   〈보기〉 올바른 표기 : ●   잘못된 표기 : ⊘ ⊗ ◐ ◑ ⊖ ① ② ③

2. 빨간색볼펜, 연필, 샤프펜 등 펜의 종류와 상관없이 예비표기를 해서 본인 응시자의 책임이 되므로 불이익(득점 불인정 등)으로 각별히 주의하시기 바랍니다.

3. 답안지를 받으면 반드시 상단에 **책형, 필적감정용 기재란, 성명, 자필성명, 응시번호, 생년월일**을 빠짐없이 작성(표기)하여야 합니다.

   가. (책 형) 응시자는 시험 시작 전 감독관 지시에 따라 문제책 앞면에 인쇄된 책형을 확인한 후, 답안지 책형란에 해당 책형(1개)을 "●"로 표기하여야 합니다.

   나. (필적감정용 기재) 본인이 한글성명을 정자로 직접 필적으로 기재하여야 합니다.

   다. (자필성명) 본인의 한글성명을 정자로 직접 기재하여야 합니다.

   ※ 책형 및 인적사항을 기재하지 않을 경우 불이익(당해시험 무효 처리 등)을 받을 수 있습니다.

   라. (교체답안지 작성) 답안지 표기 교체하면 반드시 교체답안지 상단 책형란에 해당 책형(1개)을 "●"로 표기하고, 필적감정용 기재란, 성명, 자필성명, 응시직렬, 응시지역, 응시번호, 생년월일을 빠짐없이 **작성(표기)** 하여야 하며, 작성한 답안지는 1인 1매만 유효합니다.

4. 시험이 시작되면 문제책 편철과 표지의 과목순서 간의 일치 여부, 문제 누락, 파손 등 문제책 인쇄상태를 반드시 확인하여야 합니다.

5. 답안은 반드시 문제책 표지의 과목순서에 맞추어 표기하여야 하며, 과목순서를 바꾸어 표기한 경우에도 문제책 표지의 과목순서대로 채점되므로 각별히 유의하시기 바랍니다.

6. 답안은 매 문항마다 반드시 하나의 답만을 골라 그 숫자에 "●"로 표기하여야 하며, 답안을 잘못 표기하였을 경우에는 표기한 답안을 수정하거나 2개 이상의 답안을 표기하여서는 작성할 수 있습니다.

   - 표기한 답안을 수정하는 경우에는 응시자 본인이 가져온 수정테이프만을 사용하여 해당 부분을 완전히 지우고 부착된 수정테이프가 떨어지지 않도록 눌러주어야 합니다. (수정액 또는 수정스티커 등은 사용 불가)
   - 불량 수정테이프의 사용 또는 불완전한 수정처리로 인해 발생하는 문제는 응시자 본인에게 책임이 있음을 유념하시기 바랍니다.

7. 답안지는 훼손·오염되거나 구겨지지 않도록 주의하여야 하며, 특히 답안지 상단의 타이밍 마크(▮▮▮▮▮)를 절대 훼손해서는 안됩니다.

□ 부정행위 등 금지

※ 다음 사항을 위반한 경우에는 공무원임용시험령 제51조(부정행위자 등에 대한 조치)에 따라 그 시험의 정지, 무효, 합격취소, 5년간 공무원임용시험 응시자격 정지 등의 불이익 처분을 받습니다.

1. 시험시작 전까지 문제내용을 보아서는 안됩니다.

2. 시험시간 중 통신, 계산 또는 검색 기능이 있는 일체의 전자기기(휴대전화, 노트북, 스마트워치 및 밴드, 스마트안경, 이어폰, 전자담배, 전자사전 등)를 소지하고 있는 경우 당해시험이 무효 처분을 받을 수 있으며, 특히 부정한 자료로 판단되는 경우에는 5년간 공무원 임용시험 응시자격 정지 처분을 받을 수 있습니다.

3. 응시표 출력사항 외 시험과 관련된 내용이 인쇄 또는 메모된 응시표를 시험시간 중 소지하고 있는 경우 당해시험이 무효 처분을 받을 수 있으며, 특히 부정한 자료로 판단되는 경우에는 5년간 공무원 임용시험 응시자격 정지 처분을 받을 수 있습니다.

4. 시험 중 물품(수정테이프, 컴퓨터용 사인펜 등)을 빌리거나 빌려주는 부정행위로 간주될 수 있습니다.

5. 시험종료 후에도 계속하여 답안지를 작성하거나, 시험감독관의 답안지 제출 지시에 따르지 않을 경우에는 무효처분을 받게 됩니다.

   - 답안, 책형 및 인적사항 등 모든 기재(표기) 사항 작성은 시험종료 해당 시험실에서 완료하여야 하며, 특히 답안지 작성 시 누락되는 항목이 없도록 유의하시기 바랍니다.

6. 답안지 기재 사항이 끝났다라도 시험종료 후 시험감독관의 지시가 있을 때까지 퇴실할 수 없으며, 배부된 모든 답안지는 반드시 제출하여야 합니다.

7. 그 밖에 공고문의 응시자 준수사항이나 시험감독관의 정당한 지시 등을 따르지 않을 경우 부정행위자로 간주될 수 있습니다.

공무원 공개경쟁채용 필기시험 답안지

컴퓨터용 검은색 사인펜만 사용

책 형
- Ⓐ
- Ⓑ
- Ⓒ
- Ⓓ
- Ⓔ

[필적감정용 기재]
* 아래 예시문을 옮겨 기재하시기 바랍니다.
예시: 본인은 ○○○(응시자성명)임을 확인함

기 재 란

성명	
자필성명	본인 성명 기재
응시직렬	
응시지역	

응시번호 (0~9)

생년월일 (0~9)

※ 시험감독관 서명
(성명을 정자로 기재하시기 바랍니다.)

빨간색 볼펜만 사용

제1과목
문번	①	②	③	④
1	①	②	③	④
2	①	②	③	④
3	①	②	③	④
4	①	②	③	④
5	①	②	③	④
6	①	②	③	④
7	①	②	③	④
8	①	②	③	④
9	①	②	③	④
10	①	②	③	④
11	①	②	③	④
12	①	②	③	④
13	①	②	③	④
14	①	②	③	④
15	①	②	③	④
16	①	②	③	④
17	①	②	③	④
18	①	②	③	④
19	①	②	③	④
20	①	②	③	④

제2과목
문번	①	②	③	④
1	①	②	③	④
2	①	②	③	④
3	①	②	③	④
4	①	②	③	④
5	①	②	③	④
6	①	②	③	④
7	①	②	③	④
8	①	②	③	④
9	①	②	③	④
10	①	②	③	④
11	①	②	③	④
12	①	②	③	④
13	①	②	③	④
14	①	②	③	④
15	①	②	③	④
16	①	②	③	④
17	①	②	③	④
18	①	②	③	④
19	①	②	③	④
20	①	②	③	④

제3과목
문번	①	②	③	④
1	①	②	③	④
2	①	②	③	④
3	①	②	③	④
4	①	②	③	④
5	①	②	③	④
6	①	②	③	④
7	①	②	③	④
8	①	②	③	④
9	①	②	③	④
10	①	②	③	④
11	①	②	③	④
12	①	②	③	④
13	①	②	③	④
14	①	②	③	④
15	①	②	③	④
16	①	②	③	④
17	①	②	③	④
18	①	②	③	④
19	①	②	③	④
20	①	②	③	④

제4과목
문번	①	②	③	④
1	①	②	③	④
2	①	②	③	④
3	①	②	③	④
4	①	②	③	④
5	①	②	③	④
6	①	②	③	④
7	①	②	③	④
8	①	②	③	④
9	①	②	③	④
10	①	②	③	④
11	①	②	③	④
12	①	②	③	④
13	①	②	③	④
14	①	②	③	④
15	①	②	③	④
16	①	②	③	④
17	①	②	③	④
18	①	②	③	④
19	①	②	③	④
20	①	②	③	④

제5과목
문번	①	②	③	④
1	①	②	③	④
2	①	②	③	④
3	①	②	③	④
4	①	②	③	④
5	①	②	③	④
6	①	②	③	④
7	①	②	③	④
8	①	②	③	④
9	①	②	③	④
10	①	②	③	④
11	①	②	③	④
12	①	②	③	④
13	①	②	③	④
14	①	②	③	④
15	①	②	③	④
16	①	②	③	④
17	①	②	③	④
18	①	②	③	④
19	①	②	③	④
20	①	②	③	④

응시자 준수사항

□ 답안지 작성요령

※ 다음 사항을 준수하지 않을 경우에 발생하는 불이익은 응시자에게 귀책사유가 있으므로 기재된 내용대로 이행하여 주시기 바랍니다.

1. 득점은 OCR 스캐너 판독결과에 따라 산출합니다. 모든 기재 및 표기사항은 "컴퓨터용 사인펜"을 사용하여 반드시 <보기>의 올바른 표기 방식으로 답안을 작성하여야 합니다.

  답안을 전부 채우지 않고 절반 쪽만 표기한 경우, 번점 등으로 두 개 이상의 답안에 표기된 경우, 노트가 엷은 컴퓨터용 사인펜을 사용하여 답안을 흐리게 표기한 경우 등 올바른 표기 방식을 따르지 않아 발생할 수 있는 불이익(득점 불인정 등)은 응시자 본인 책임이므로 유의하시기 바랍니다.

  <보기> 올바른 표기 : ●   잘못된 표기 : ⊗ ⊖ ⊙ ◐ ○ ② ③

2. 빨간색볼펜, 연필, 사프펜 등 펜이 종류와 상관없이 예비표기를 해서 중복 답안으로 판독된 경우에는 불이익을 받을 수 있으므로 각별히 주의하시기 바랍니다.

3. 답안지를 받으면 우측 상단에 **책형, 필적감정용 기재란, 성명, 자필성명, 응시번호, 생년월일**을 빠짐없이 작성(표기)하여야 합니다.

   가. (책   형) 응시자는 시험 시작 전 감독관 지시에 따라 문제책 앞면에 인쇄된 책형을 확인한 후, 답안지 책형란에 해당 책형(1개)을 "●"로 표기하여야 합니다.

   나. (필적감정용 기재) 보이는 예시문과 동일한 내용을 본인의 필적으로 직접 작성하여야 합니다.

   다. (자필성명) 본인의 한글성명을 정자로 직접 기재하여야 합니다.

   ※ 책형 및 인적사항을 기재하지 않을 경우 본인의 답안지로 무효 처리될 수 있습니다.

   라. (교체답안지 작성) 답안지를 교체하면 반드시 교체답안지 상단 책형란에 해당 책형 (1개)을 "●"로 표기하고, 필적감정용 기재란, 성명, 자필성명, 응시직렬, 응시지역, 응시번호, 생년월일을 빠짐없이 **작성(표기)** 하여야 하며, 작성한 답안지는 1인 1매만 유효합니다.

4. 시험이 시작되면 **문제책 편철과 표지의 과목순서** 간의 일치 여부, 문제 누락, 파손 등 **문제책 인쇄상태를 반드시 확인**하여야 합니다.

5. 답안은 반드시 **문제책 표지의 과목순서에 맞추어 표기**하여야 하며, 과목순서를 바꾸어 표기한 경우에도 문제책 표지의 과목순서대로 채점되므로 각별히 유의하시기 바랍니다.

6. 답안은 매 문항마다 반드시 하나의 답만을 골라 그 숫자에 "●"로 표기하여야 하며, 답안을 잘못 표기하였을 경우에는 답안지를 교체하여 작성하거나 **수정테이프**만을 사용하여 해당 부분을 완전히 지우고 부주의(수정테이프가 떨어지지 않도록 눌러주어야 합니다.(**수정액 또는 수정스티커 등은 사용 불가**))

   - 불량 수정테이프의 사용 또는 불완전한 수정처리로 인해 발생하는 문제는 응시자 본인에게 책임이 있음을 유념하시기 바랍니다.

7. 답안지는 훼손·오염되거나 구겨지지 않도록 주의하여야 하며, 특히 답안지 상단의 타이밍 마크(▮▮▮▮▮)를 절대 훼손해서는 안됩니다.

□ 부정행위 등 금지

※ 다음 사항을 위반한 경우에는 공무원임용시험령 제51조(부정행위자 등에 대한 조치)에 따라 그 시험이 정지, 무효, 합격취소, 5년간 공무원임용시험 응시자격 정지 등의 불이익 처분을 받게 됩니다.

1. 시험시작 전까지 문제내용을 보아서는 안됩니다.

2. 시험시간 중 통신, 계산 또는 검색 기능이 있는 일체의 전자기기(휴대전화, 노트북, 스마트워치 및 밴드, 스마트토안경, 이어폰, 전자담배, 전자계산기, 전자사전 등)를 소지하고 있는 경우 당해시험 무효 처분을 받을 수 있으며, 특히 부정한 자료로 시험시간 중에는 5년간 공무원 임용시험 응시자격 정지 처분을 받을 수 있습니다.

3. 응시표 출력사항 외 시험과 관련된 내용이 인쇄 또는 메모된 책자나 쪽지를 소지하거나, 컴퓨터용 사인펜 등을 남기거나 빌려주는 행위는 부정행위로 간주될 수 있습니다.

4. 시험종료 후에도 계속하여 답안지를 작성하거나, 시험감독관의 답안지 제출 지시에 따르지 않을 경우에는 무효처분을 받게 됩니다.

5. 답안, 책형 및 인적사항 등 모든 기재(표기) 사항 작성은 시험종료 전까지 해당 시험실에서 완료하여야 하며, 특히 답안지 작성 시 누락되는 항목이 없도록 유의하시기 바랍니다.

6. 답안지 교체가 끝났더라도 시험종료 후 시험감독관의 지시가 있을 때까지 퇴실할 수 없으며, 배부된 모든 답안지는 반드시 제출하여야 합니다.

7. 그 밖에 공고문의 응시자 준수사항이나 시험감독관의 정당한 지시 등을 따르지 않을 경우 부정행위자로 간주될 수 있습니다.

공무원 공개경쟁채용 필기시험 답안지

응시자 준수사항

□ 답안지 작성요령

※ 다음 사항을 준수하지 않음으로 인해 발생하는 불이익은 응시자에게 귀책사유가 있으므로 기재된 내용대로 이행하여 주시기 바랍니다.

1. 득점은 OCR 스캐너 판독결과에 따라 산출합니다. 모든 기재 및 표기사항은 "컴퓨터용 검은색 사인펜"을 사용하여 반드시 <보기>의 올바른 표기 방식으로 답안을 작성하여야 합니다.

   답란을 전부 채우지 않고 점만 찍어 표기한 경우, 변점 등으로 두 개 이상의 답란에 표기된 경우, 누가 연인 컴퓨터용 사인펜을 사용하여 답안을 흐리게 표기한 경우 등 올바른 표기 방식에 따르지 않아 발생할 수 있는 불이익(득점 불인정 등)은 응시자 본인 책임이므로 유의하시기 바랍니다.

   <보기> 올바른 표기 : ●   잘못된 표기 : ⊘⊗◐◑◯◉②③

2. 빨간색볼펜, 연필, 시포펜 등 펜의 종류와 상관없이 예비표기를 해서 중복 답안으로 판독된 경우에는 불이익을 받을 수 있으므로 각별히 주의하시기 바랍니다.

3. 답안지를 받으면 시험 시작 전 상단에 **책형, 필적감정용 기재란, 성명, 자필성명, 응시직렬, 응시지역, 응시번호, 생년월일**을 빠짐없이 작성(표기)하여야 합니다.

   가. (책 형) 응시자는 시험 시작 전 감독관 지시에 따라 문제책 앞면에 인쇄된 책형을 확인한 후, 답안지 책형란에 해당 책형(1개)을 "●"로 표기하여야 합니다.

   나. (필적감정용 기재) 본인이 한글성명을 정자로 직접 기재하여야 합니다.

   다. (자필성명) 본인의 한글성명을 정자로 직접 기재하여야 합니다.

   ※ 책형 및 인적사항을 기재하지 않을 경우 답안지 무효 처리 등이 될 수 있습니다.

   라. (교체답안지 작성) 답안지를 교체하면 반드시 교체답안지 상단 책형란에 해당 책형(1개)을 "●"로 표기하고, 필적감정용 기재란, 성명, 자필성명, 응시직렬, 응시지역, 응시번호, 생년월일을 빠짐없이 작성(표기)하여야 하며, 작성하지 않은 답안지는 1인 1매만 유효합니다.

4. 시험이 시작되면 문제책 편철과 문제책 표지의 과목순서 간의 일치 여부, 문제 누락, 파손 등 문제책 인쇄상태를 반드시 확인하여야 합니다.

5. 답안은 반드시 문제책 표지의 과목순서에 맞추어 표기하여야 하며, 과목 순서를 바꾸어 표기한 경우에도 문제책 표지의 과목순서대로 채점되므로 각별히 유의하시기 바랍니다.

6. 답안은 매 문항마다 반드시 하나의 답만을 골라 그 숫자에 "●"로 표기하여야 하며, 답안을 잘못 표기하였을 경우에는 응시자 본인이 가재온 수정테이프만을 사용하여 해당 부분을 완전히 지우고 부주의(수정테이프가 떨어지지 않도록 눌러주어야 합니다.(수정액 또는 수정스티커 등은 사용 불가)

   - 불량 수정테이프의 사용 또는 불완전한 수정처리로 인해 발생하는 문제는 응시자 본인에게 책임이 있음을 유념하시기 바랍니다.

7. 답안지는 훼손·오염되거나 구겨지지 않도록 주의하여야 하며, 특히 답안지 상단의 타이밍 마크(▮▮▮▮▮)를 절대 훼손해서는 안됩니다.

□ 부정행위 등 금지

※ 다음 사항을 위반한 경우에는 공무원임용시험령 제51조(부정행위자 등에 대한 조치)에 따라 그 시험의 정지, 무효, 합격취소, 5년간 공무원임용시험 응시자격 정지 등의 불이익 처분을 받게 됩니다.

1. 시험시작 전까지 문제내용을 보아서는 안됩니다.

2. 시험시간 중 통신, 계산 또는 검색 기능이 있는 일체의 전자기기(휴대전화, 노트북, 스마트워치 및 스마트밴드, 스마트안경, 이어폰, 전자담배, 전자계산기, 전자사전 등을 소지할 수 없습니다.

3. 응시표 출력사항 외 시험과 관련된 내용이 인쇄 또는 메모되어 응시표를 시험시간 중 소지하고 있는 경우 당해시험 무효 처분을 받을 수 있으며, 특히 부정한 자료로 판단되는 경우에는 5년간 공무원 임용시험 응시자격 정지 처분을 받을 수 있습니다.

4. 시험 중 물품(수정테이프, 컴퓨터용 사인펜 등)을 빌리거나 빌려주는 부정행위로 간주될 수 있습니다.

5. 시험종료 후에도 계속하여 답안지를 작성하거나, 시험감독관의 답안지 제출 지시에 따르지 않을 경우에는 무효처분을 받게 됩니다.

   - 답안, 책형 및 인적사항 등 모든 기재(표기) 사항 작성은 시험종료 전까지 해당 시험실에서 완료하여야 하며, 특히 답안지 작성이 누락되는 항목이 없도록 유의하시기 바랍니다.

6. 시험종료 후 답안지 제출 종료 후 시험감독관의 지시가 있을 때까지 퇴실할 수 없으며, 배부된 모든 답안지는 반드시 제출하여야 합니다.

7. 그 밖에 공고문의 응시자 준수사항이나 시험감독관의 정당한 지시 등을 따르지 않을 경우 부정행위자로 간주될 수 있습니다.

공무원 공개경쟁채용 필기시험 답안지

응시자 준수사항

☐ 답안지 작성요령

※ 다음 사항을 준수하지 않을 경우에 발생하는 불이익은 응시자에게 귀책사유가 있으므로 기재된 내용대로 이행하여 주시기 바랍니다.

1. 득점은 OCR 스캐너 판독결과에 따라 산출됩니다. 모든 기재 및 표기사항은 "컴퓨터용 검은색 사인펜"을 사용하여 반드시 〈보기〉의 올바른 표기방식으로 답안을 작성하여야 합니다.

    답안을 전부 채우지 않고 절반 쪽에 표기한 경우, 번점 등으로 두 개 이상의 답란에 표기된 경우, 농도가 옅은 컴퓨터용 사인펜을 사용하여 답안을 흐리게 표기한 경우 등 올바른 표기 방식을 따르지 않아 발생할 수 있는 불이익(득점 불인정 등)은 응시자 책임이므로 이에 유의하시기 바랍니다.

    〈보기〉 올바른 표기 : ● 　 잘못된 표기 : ⊙⊗◐◑⦵①②③

2. 빨간색볼펜, 연필, 사포펜 등 펜의 종류와 상관없이 예비표기를 해서 중복 답안으로 판독되는 경우에는 불이익을 받을 수 있으므로 각별히 주의하시기 바랍니다.

3. 답안지를 받으면 반드시 상단의 **책형, 필적감정용 기재란, 성명, 자필성명, 응시직렬, 응시지역, 응시번호, 생년월일**을 빠짐없이 정확하게 작성(표기)하여야 합니다.

   가. (책　형) 응시자는 시험 시작 전 감독관의 지시에 따라 문제책 앞면에 인쇄된 책형을 확인한 후, 답안지의 책형란에 해당 책형(1개)을 "●"로 표기하여야 합니다.

   나. (필적감정용 기재) 예시문을 본인의 필적으로 정자로 직접 기재하여야 합니다.

   다. (자필성명) 본인의 한글성명을 정자로 직접 기재하여야 합니다.

   ※ 책형 및 인적사항을 기재하지 않을 경우 불이익(답안지 무효 처리 등)을 받을 수 있습니다.

   라. (교체답안지 작성) 답안지를 교체하면 반드시 교체답안지 상단 책형란에 해당 책형(1개)을 "●"로 표기하고, 필적감정용 기재란, 성명, 자필성명, 응시직렬, 응시지역, 응시번호, 생년월일을 빠짐없이 작성(표기)하여야 하며, 작성하지 않은 답안지는 1인 1매만 유효합니다.

4. 시험이 시작되면 문제책 편철과 표지의 과목순서 간의 일치 여부, 문제 누락·파손 등 문제책 인쇄상태를 반드시 확인하여야 합니다.

5. 답안은 반드시 문제책 표지의 과목순서에 맞추어 표기하여야 하며, 과목순서를 바꾸어 표기한 경우에도 문제책 표지의 과목순서대로 채점되므로 각별히 유의하시기 바랍니다.

6. 답안은 매 문항마다 반드시 하나의 답만을 골라 그 숫자에 "●"로 표기하여야 하며, 답안을 잘못 표기하였을 경우에는 응시자 본인이 가져온 수정테이프를 사용하여 답안을 수정하거나 답안지를 교체하여 교체된 답안지에 다시 표기하여야 합니다.
   - 표기한 답안을 수정하는 경우에는 응시자 본인이 가져온 수정테이프만을 사용하여 해당 부분을 완전히 지우고 부착된 수정테이프가 떨어지지 않도록 눌러주어야 합니다. (수정액 또는 수정스티커 등은 사용 불가)
   - 불량 수정테이프의 사용 또는 불완전한 수정처리로 인해 발생하는 문제는 응시자 본인에게 책임이 있음을 유념하시기 바랍니다.

7. 답안지는 훼손·오염되거나 구겨지지 않도록 주의하여야 하며, 특히 답안지 상단의 타이밍 마크(▮▮▮▮▮)를 절대 훼손해서는 안됩니다.

☐ 부정행위 등 금지

※ 다음 사항을 위반한 경우에는 공무원임용시험령 제51조(부정행위자 등에 대한 조치)에 따라 그 시험의 정지, 무효, 합격취소, 5년간 공무원임용시험 응시자격 정지 등이 불이익 처분을 받게 됩니다.

1. 시험시작 전까지 문제내용을 보아서는 안됩니다.

2. 시험시간 중 통신·계산 또는 검색 기능이 있는 일체의 전자기기(휴대전화, 태블릿PC, 노트북, 스마트워치 및 스마트밴드, 스마트안경, 이어폰, 전자담배, 전자사전 등)를 소지할 수 없습니다.

3. 응시표 출력사항 외 시험과 관련된 내용이 인쇄 또는 메모된 응시표를 시험시간 중 소지하고 있는 경우 당해시험 무효처분을 받을 수 있으며, 특히 부정한 자료로 판단되는 경우에는 5년간 공무원 임용시험 응시자격 정지 처분을 받을 수 있습니다.

4. 시험 중 물품(수정테이프, 컴퓨터용 사인펜 등)을 빌리거나 빌려주는 행위는 부정행위로 간주될 수 있습니다.

5. 시험종료 후에도 계속하여 답안지를 작성하거나, 시험감독관의 답안지 제출 지시에 따르지 않을 경우에는 무효처분을 받게 됩니다.
   - 답안, 책형 및 인적사항 등 모든 기재(표기) 사항 작성은 종료 전까지 해당 시험실에서 완료하여야 하며, 특히 답안지 작성 시 누락되는 항목이 없도록 유의하시기 바랍니다.

6. 답안 기재가 끝났더라도 시험종료 후 시험감독관의 지시가 있을 때까지 퇴실할 수 없으며, 배부된 모든 답안지는 반드시 제출하여야 합니다.

7. 그 밖에 공고문의 응시자 준수사항이나 시험감독관의 정당한 지시 등을 따르지 않을 경우 부정행위자로 간주될 수 있습니다.

공무원 공개경쟁채용 필기시험 답안지

컴퓨터용 검은색 사인펜만 사용

책형

Ⓐ Ⓑ Ⓒ Ⓓ Ⓔ

【필적감정용 기재】
* 아래 예시문을 옮겨 기재하시기 바랍니다.
예시: 본인은 000(응시자성명)임을 확인함

기 재 란

성 명	
자필성명	본인 성명 기재
응시직렬	
응시지역	

응시번호

생년월일

※ 시험감독관 서명
(성명을 정자로 기재하시기 바랍니다.)

빨간색 볼펜만 사용

제1과목

문번				
1	①	②	③	④
2	①	②	③	④
3	①	②	③	④
4	①	②	③	④
5	①	②	③	④
6	①	②	③	④
7	①	②	③	④
8	①	②	③	④
9	①	②	③	④
10	①	②	③	④
11	①	②	③	④
12	①	②	③	④
13	①	②	③	④
14	①	②	③	④
15	①	②	③	④
16	①	②	③	④
17	①	②	③	④
18	①	②	③	④
19	①	②	③	④
20	①	②	③	④

제2과목

문번				
1	①	②	③	④
2	①	②	③	④
3	①	②	③	④
4	①	②	③	④
5	①	②	③	④
6	①	②	③	④
7	①	②	③	④
8	①	②	③	④
9	①	②	③	④
10	①	②	③	④
11	①	②	③	④
12	①	②	③	④
13	①	②	③	④
14	①	②	③	④
15	①	②	③	④
16	①	②	③	④
17	①	②	③	④
18	①	②	③	④
19	①	②	③	④
20	①	②	③	④

제3과목

문번				
1	①	②	③	④
2	①	②	③	④
3	①	②	③	④
4	①	②	③	④
5	①	②	③	④
6	①	②	③	④
7	①	②	③	④
8	①	②	③	④
9	①	②	③	④
10	①	②	③	④
11	①	②	③	④
12	①	②	③	④
13	①	②	③	④
14	①	②	③	④
15	①	②	③	④
16	①	②	③	④
17	①	②	③	④
18	①	②	③	④
19	①	②	③	④
20	①	②	③	④

제4과목

문번				
1	①	②	③	④
2	①	②	③	④
3	①	②	③	④
4	①	②	③	④
5	①	②	③	④
6	①	②	③	④
7	①	②	③	④
8	①	②	③	④
9	①	②	③	④
10	①	②	③	④
11	①	②	③	④
12	①	②	③	④
13	①	②	③	④
14	①	②	③	④
15	①	②	③	④
16	①	②	③	④
17	①	②	③	④
18	①	②	③	④
19	①	②	③	④
20	①	②	③	④

제5과목

문번				
1	①	②	③	④
2	①	②	③	④
3	①	②	③	④
4	①	②	③	④
5	①	②	③	④
6	①	②	③	④
7	①	②	③	④
8	①	②	③	④
9	①	②	③	④
10	①	②	③	④
11	①	②	③	④
12	①	②	③	④
13	①	②	③	④
14	①	②	③	④
15	①	②	③	④
16	①	②	③	④
17	①	②	③	④
18	①	②	③	④
19	①	②	③	④
20	①	②	③	④

응시자 준수사항

□ **답안지 작성요령**

※ 다음 사항을 준수하지 않을 경우에 발생하는 불이익은 응시자에게 귀책사유가 있으므로 기재된 내용대로 이행하여 주시기 바랍니다.

- 득점은 OCR 스캐너 판독결과에 따라 산출합니다. 모든 기재 및 표기사항은 "컴퓨터용 검은색 사인펜"을 사용하여 반드시 〈보기〉의 올바른 표기 방식으로 답안을 작성하여야 합니다.

 답란을 전부 채우지 않고 점만 찍어 표기한 경우, 번점 등으로 개 두 개 이상의 답란에 표기된 경우, 누구가 없는 컴퓨터용 사인펜을 사용하여 답안에 올바르게 표기한 흔적을 따르지 않아 발생할 수 있는 불이익(득점 불인정 등)은 응시자 본인 책임이므로 올바른 표기 방식을 준수하시기 바랍니다.

 〈보기〉 올바른 표기 : ●   잘못된 표기 : ⊗ ◐ ◯ ◑ ② ③

2. 빨간색볼펜, 연필, 사포펜 등 펜의 종류와 상관없이 응시자 본인 책임이므로 〈예비표기〉를 해서 중복 답안으로 판독된 경우에는 불이익을 받을 수 있으므로 각별히 주의하시기 바랍니다.

3. 답안지를 받으면 맨 상단의 **책형, 필적감정용 기재란, 성명, 자필성명, 응시직렬, 응시지역, 응시번호, 생년월일**을 빠짐없이 작성(표기)하여야 합니다.

 가. (책 형) 응시자는 시험 시작 전 감독관 지시에 따라 문제책 앞면에 인쇄된 책형을 확인한 후, 답안지 책형란에 해당 책형(1개)을 "●"로 표기하여야 합니다.

 나. (필적감정용 기재) 보이의 필체로 동일한 내용을 정자로 직접 기재하여야 합니다.

 다. (자필성명) 본인의 한글성명을 정자로 직접 기재하여야 합니다.

 ※ 책형 및 인적사항을 기재하지 않을 경우 불이익(답안시험 무효 처리 등)을 받을 수 있습니다.

 라. (교체답안지 작성) 답안지를 교체하려면 반드시 교체답안지 상단 책형란에 해당 책형(1개)을 "●"로 표기하고, 필적감정용 기재란, 성명, 자필성명, 응시직렬, 응시지역, 응시번호, 생년월일을 빠짐없이 작성(표기)하여야 하며, 작성한 답안지는 1인 1매만 유효합니다.

4. 시험이 시작되면 문제책 편철과 표지의 과목순서 간의 일치 여부, 문제 누락·파손 등 문제책 인쇄상태를 반드시 확인하여야 합니다.

5. 답안은 반드시 문제책 표지의 과목순서에 맞추어 표기하여야 하며, 과목 순서를 바꾸어 표기한 경우에도 문제책 표지의 과목 순서대로 채점되므로 각별히 유의하시기 바랍니다.

6. 답안을 매 문항마다 반드시 하나의 답만을 골라 그 숫자에 "●"로 표기하여야 하며, 답안을 잘못 표기하였을 경우에는 응시자 본인이 가져온 수정테이프만을 사용하여 해당 부분을 완전히 지우고 부착된 수정테이프가 떨어지지 않도록 눌러주어야 합니다.(수정액 또는 수정스티커 등은 사용 불가)
 - 불량 수정테이프의 사용 또는 불완전한 수정처리로 인해 발생하는 문제는 응시자 본인에게 책임이 있음을 유념하시기 바랍니다.

7. 답안지는 훼손·오염되거나 구겨지지 않도록 주의하여야 하며, 특히 답안지 상단의 타이밍 마크(▮▮▮▮▮)를 절대 훼손해서는 안됩니다.

□ **부정행위 등 금지**

※ 다음 사항을 위반한 경우에는 공무원임용시험령 제51조(부정행위자 등에 대한 조치)에 따라 그 시험의 정지, 무효, 합격취소, 5년간 공무원임용시험 응시자격 정지 등의 조치를 받게 됩니다.

1. 시험시작 전까지 문제내용을 보아서는 안됩니다.

2. 시험시간 중 통신, 계산 또는 검색 기능이 있는 일체의 전자기기(휴대전화, 노트북, 스마트워치 및 밴드, 스마트폰로장, 이어폰, 전자사전, 전자계산기 등)을 소지할 수 없습니다.

3. 응시표 출력사항 외 시험과 관련된 내용이 인쇄 또는 매모된 응시표를 시험시간 중 소지하고 있는 경우 당해시험 무효처분을 받을 수 있으며, 특히 부정한 자료로 판단되는 경우에는 5년간 공무원 임용시험 응시자격 정지 처분을 받을 수 있습니다.

4. 시험 중 물품(수정테이프, 컴퓨터용 사인펜 등)을 빌리거나 별려주는 부정행위로 간주될 수 있습니다.

5. 시험종료 후에도 계속하여 답안지를 작성하거나, 시험감독관의 답안지 제출 지시에 따르지 않을 경우에는 무효처분을 받게 됩니다.

 - 답안, 책형 및 인적사항을 모두 기재(표기) 사항 작성이 시험종료 전까지 해당 시험실에서 완료하여야 하며, 특히 답안지 작성 시 누락되는 항목이 없도록 유의하시기 바랍니다.

6. 답안 기재가 끝났더라도 시험종료 후 시험감독관의 지시가 있을 때까지 퇴실할 수 없으며, 배부된 모든 답안지는 반드시 제출하여야 합니다.

7. 그 밖에 공고문의 응시자 준수사항이나 시험감독관의 정당한 지시 등을 따르지 않을 경우 부정행위자로 간주될 수 있습니다.

공무원 공개경쟁채용 필기시험 답안지

컴퓨터용 검은색 사인펜만 사용

책형: Ⓐ Ⓑ Ⓒ Ⓓ Ⓔ

【필적감정용 기재】
* 아래 예시문을 옮겨 기재하시기 바랍니다.
예시: 본인은 000(응시자성명)임을 확인함

기재란

성명
자필성명: 본인 성명 기재
응시직렬
응시지역

응시번호
생년월일

※ 시험감독관 서명
(성명을 정자로 기재하시기 바랍니다.)

빨간색 볼펜만 사용

제1과목
문번 1–20, 답 ① ② ③ ④

제2과목
문번 1–20, 답 ① ② ③ ④

제3과목
문번 1–20, 답 ① ② ③ ④

제4과목
문번 1–20, 답 ① ② ③ ④

제5과목
문번 1–20, 답 ① ② ③ ④

응시자 준수사항

□ 답안지 작성요령

※ 다음 사항을 준수하지 않을 경우에 발생하는 불이익은 응시자에게 귀책사유가 있으므로 기재된 내용대로 이행하여 주시기 바랍니다.

- 득점은 OCR 스캐너 판독결과에 따라 산출합니다. 모든 기재 및 표기사항은 "컴퓨터용 검은색 사인펜"을 사용하여 반드시 〈보기〉의 올바른 표기 방식으로 답안을 작성하여야 합니다.

답안을 전부 채우지 않고 절반 쪽이 표기한 경우, 번짐 등으로 두 개 이상의 답란에 표기된 경우, 누도지 않는 컴퓨터용 사인펜을 사용하여 답안을 흐리게 표기한 경우 등 올바른 표기 방식을 따르지 않아 발생할 수 있는 불이익(득점 불인정 등)은 응시자 본인 책임이므로 올바르게 유의하시기 바랍니다.

〈보기〉 올바른 표기 : ● 　 잘못된 표기 : ⊘⊗◐◑◉②③

2. 빨간색볼펜, 연필, 사프펜 등 펜의 종류와 상관없이 (예비표기를 해서 중복 답안으로 판독된 경우에는 불이익을 받을 수 있으므로 각별히 주의하시기 바랍니다.

3. 답안지를 받으면 상단의 **책형, 필적감정용 기재란, 성명, 자필성명, 응시직렬, 응시지역, 응시번호, 생년월일**을 빠짐없이 작성(표기)하여야 합니다.

가. (책　형) 응시자는 시험 시작 전 감독관의 지시에 따라 문제책 앞면에 인쇄된 책형을 확인한 후, 답안지 책형란에 해당 책형(1개)을 "●"로 표기하여야 합니다.

나. (필적감정용 기재) 본인의 한글성명을 정자로 직접 기재하여야 합니다.

다. (자필성명) 본인의 한글성명을 정자로 직접 기재하여야 합니다.

※ 책형 및 인적사항을 기재하지 않을 경우 불이익(답안지 무효 처리 등)을 받을 수 있습니다.

라. (교체답안지 작성) 답안지를 교체하면 반드시 교체답안지 상단 책형란에 해당 책형(1개)을 "●"로 표기하고, 필적감정용 기재란, 성명, 자필성명, 응시직렬, 응시지역, 응시번호, 생년월일을 빠짐없이 작성(표기)하여야 하며, 작성한 답안지는 1인 1매만 유효합니다.

4. 시험이 시작되면 문제책 편철과 표기의 과목순서 간의 일치 여부, 문제 누락, 파손 등 문제책 인쇄상태를 반드시 확인하여야 합니다.

5. 답안은 반드시 문제책 표지의 과목순서에 맞추어 표기하여야 하며, 과목 순서를 바꾸어 표기한 경우에도 문제책 표지의 과목 순서대로 채점되므로 각별히 유의하시기 바랍니다.

6. 답안은 매 문항마다 반드시 하나의 답만을 골라 그 숫자에 "●"로 표기하여야 하며, 답안을 잘못 표기하였을 경우에는 표기한 답안을 수정하거나 답안지를 교체하여 작성할 수 있습니다.

- 표기한 답안을 수정하는 경우에는 응시자 본인이 가져온 수정테이프를 사용하여 해당 부분을 완전히 지우고 부착된 수정테이프가 떨어지지 않도록 눌러주어야 합니다. (수정액 또는 수정스티커 등은 사용 불가)
- 불량 수정테이프의 사용 또는 불완전한 수정처리로 인해 발생하는 문제는 응시자 본인에게 책임이 있음을 유념하기 바랍니다.

7. 답안지는 훼손·오염되거나 구겨지지 않도록 주의하여야 하며, 특히 답안지 상단의 타이밍 마크(▮▮▮▮▮▮)를 절대 훼손해서는 안됩니다.

□ 부정행위 등 금지

※ 다음 사항을 위반한 경우에는 공무원임용시험령 제51조(부정행위자 등에 대한 조치)에 따라 그 시험의 정지, 무효, 합격취소, 5년간 공무원임용시험 응시자격 정지 등의 불이익 처분을 받게 됩니다.

1. 시험시작 전까지 문제내용을 보아서는 안됩니다.

2. 시험시간 중 통신, 계산 또는 검색 기능이 있는 일체의 전자기기(휴대전화, 태블릿PC, 노트북, 스마트워치 및 밴드, 스마트안경, 이어폰, 전자담배, 전자사전 등)를 소지할 수 있습니다.

3. 응시표를 출력하는 경우 당해시험 시험과 관련된 내용이 인쇄 또는 메모되어 책형을 소지하고 있는 경우 당해시험 무효처분을 받을 수 있으며, 특히 부정한 자료로 판단되는 경우에는 5년간 공무원 임용시험 응시자격 정지 처분을 받을 수 있습니다.

4. 시험 중 물품(수정테이프, 컴퓨터용 사인펜 등)을 빌리거나 빌려주는 부정행위로 간주될 수 있습니다.

5. 시험종료 후에도 계속하여 답안지를 작성하거나, 시험감독관의 답안지 제출 지시에 따르지 않을 경우에는 무효처분을 받게 됩니다.

- 답안, 책형 및 인적사항 등을 모두 기재(표기) 사용은 시험 종료 전까지 해당 시험실에서 완료하여야 하며, 특히 답안지 작성 시 누락되는 항목이 없도록 유의하시기 바랍니다.

6. 답안지 기재가 끝났다면 시험종료 후 시험감독관의 지시가 있을 때까지 퇴실할 수 없으며, 배부된 모든 답안지는 반드시 제출하여야 합니다.

7. 그 밖에 공고문의 응시자 준수사항이나 시험감독관의 정당한 지시 등을 따르지 않을 경우 부정행위자로 간주될 수 있습니다.

최고의 적중률 · 최신 출제 유형 반영

2025년 사회복지직 공무원시험 대비

김유경 사회복지학개론

봉투모의고사

정답 및 해설

10회분

강의
공단기 모두공

N 네이버 카페 　정오표 및 학습질문
김유경 PASS 사회복지학

지식터

정답 및 해설 차례

제1회 ……………………………………………	4
제2회 ……………………………………………	7
제3회 ……………………………………………	10
제4회 ……………………………………………	13
제5회 ……………………………………………	16
제6회 ……………………………………………	19
제7회 ……………………………………………	22
제8회 ……………………………………………	25
제9회 ……………………………………………	28
제10회 …………………………………………	32

봉투모의고사 빠른 정답

제1회 정답

1	2	3	4	5	6	7	8	9	10	11	12	13	14	15	16	17	18	19	20
④	③	④	③	④	②	③	③	②	①	④	③	②	④	②	②	①	③	①	①

제2회 정답

1	2	3	4	5	6	7	8	9	10	11	12	13	14	15	16	17	18	19	20
②	①	①	①	③	②	④	③	④	④	②	①	③	①	①	④	②	④	②	④

제3회 정답

1	2	3	4	5	6	7	8	9	10	11	12	13	14	15	16	17	18	19	20
②	④	③	①	①	④	④	③	③	①	②	①	④	①	④	②	①	③	②	③

제4회 정답

1	2	3	4	5	6	7	8	9	10	11	12	13	14	15	16	17	18	19	20
③	①	①	②	③	②	①	③	②	④	④	①	③	④	①	①	④	③	①	②

제5회 정답

1	2	3	4	5	6	7	8	9	10	11	12	13	14	15	16	17	18	19	20
③	③	③	④	③	②	②	④	②	①	④	①	②	①	④	④	③	①	④	①

제6회 정답

1	2	3	4	5	6	7	8	9	10	11	12	13	14	15	16	17	18	19	20
③	③	②	①	④	④	②	②	②	①	④	③	①	②	①	③	④	②	①	④

제7회 정답

1	2	3	4	5	6	7	8	9	10	11	12	13	14	15	16	17	18	19	20
③	④	③	②	④	③	④	②	①	③	①	②	①	④	②	①	③	④	③	②

제8회 정답

1	2	3	4	5	6	7	8	9	10	11	12	13	14	15	16	17	18	19	20
④	②	②	③	①	①	②	①	③	②	②	④	②	④	④	③	④	③	④	①

제9회 정답

1	2	3	4	5	6	7	8	9	10	11	12	13	14	15	16	17	18	19	20
③	②	④	③	②	④	①	②	④	③	②	②	④	①	④	③	④	①	③	①

제10회 정답

1	2	3	4	5	6	7	8	9	10	11	12	13	14	15	16	17	18	19	20
①	④	②	④	①	③	③	④	④	②	②	②	③	②	①	④	②	①	③	④

봉투모의고사 제1회 정답 및 해설

1	2	3	4	5	6	7	8	9	10	11	12	13	14	15	16	17	18	19	20
④	③	④	③	④	②	③	③	②	①	④	③	②	④	②	②	①	③	①	①

1 답 ④
신자유주의 이념에서는 **공공복지의 축소**를 강조한다.

2 답 ③
- 아동수당제도는 8세 미만 아동에게 소득 수준에 관계없이 지급되는 보편적인 사회수당으로, '양육' 위험이 발생한 집단에게 소득이 이전되는(양육과 관계없이 징수된 정부의 일반예산을 지급하는) **수평적 재분배** 효과가 있다.
- 수평적 재분배는 소득 차이가 아니라 위험 발생 여부가 기준이 되는 소득재분배로, 위험 미발생 집단의 소득이 위험 발생 집단으로 이전되는 재분배를 의미한다.
- 아동수당과 같은 사회수당제도에는 저소득자에게 급여를 더 지급하는 수직적 재분배 효과는 없다.

옳은 지문 보충설명
① 적립방식의 공적연금은 가입자가 자신의 보험료를 적립하여 미래에 연금으로 받는 방식이다. 한 세대 내에서 장기적으로 본인의 소득을 재분배하는 구조이므로, 장기적 재분배(혹은 시간적 재분배, 시점 간 재분배)에 해당한다. 적립방식의 공적연금은 세대 내 재분배에도 해당된다.
② 부과방식은 현재 경제활동을 하는 세대가 납부한 보험료가 현재 연금 수급자의 급여로 지급되는 방식이다. 젊은 세대가 낸 돈이 현재 노인 세대에게 전달되는 구조이므로, 세대 간 재분배의 대표적인 사례다.
④ 노인장기요양보험제도는 다음과 같은 소득재분배 기능을 갖는다.
- 노령 및 노인성질병이라는 위험이 발생한 집단에게 급여가 제공되는 사회보험이므로 **수평적 재분배** 기능이 있다.
- 근로세대가 납부한 보험료가 주로 65세 이상의 노인세대의 장기요양급여로 사용되므로 **세대 간 재분배** 기능도 있다.

3 답 ④
사회복지실천의 목적은 클라이언트를 돕고, 자원을 연계하며, **클라이언트의 문제해결 역량의 증진을 원조**하는 데 있으며, 직접적으로 문제를 대신 해결하는 것에 있지 않다.

4 답 ③
- 클라이언트체계의 다중성에서 오는 윤리적 갈등은 클라이언트가 여러 명일 경우 누구를 클라이언트로 보고 누구의 이익을 우선적으로 고려하여 개입해야 할 것인지를 판단하기 어려워 겪게 되는 윤리적 갈등이다.
- 가족 구성원 간의 요구나 이해관계가 충돌할 경우 누구의 요구를 우선해야 할지 딜레마에 처하게 되는데 이는 클라이언트체계의 다중성에서 윤리적 갈등이다.

5 답 ④
자선조직협회와 인보관 운동 **모두 민간차원의 구빈활동**이다.

6 답 ②
보호대상아동을 입소시켜 보호, 양육 및 취업훈련, 자립지원 서비스 등을 제공하는 것을 목적으로 하는 시설은 아동양육시설이다.

✗ 오답체크
① 아동일시보호시설: 보호대상아동을 일시보호하고 아동에 대한 향후의 양육대책수립 및 보호조치를 행하는 것을 목적으로 하는 시설
③ 아동보호전문기관: 학대받은 아동의 치료, 아동학대의 재발 방지 등 사례관리 및 아동학대예방을 담당하는 기관
④ 자립지원시설: 아동복지시설에서 퇴소한 사람에게 취업준비기간 또는 취업 후 일정 기간 동안 보호함으로써 자립을 지원하는 것을 목적으로 하는 시설

7 답 ③
✗ 오답체크
ㄱ. 조력자는 클라이언트가 스스로 문제를 해결할 수 있는 능력을 기르고 필요한 자원을 찾아내어 활용할 수 있도록 돕는 역할이다. 다양한 서비스 제공기관과의 협력을 통해 서비스가 보다 체계적으로 제공될 수 있도록 조직화하는 역할은 **조정자**이다.
ㄴ. 갈등을 겪고 있는 당사자들이 원만하게 합의할 수 있도록 돕는 역할은 조정자가 **중재자**이다. 조정자는 산발적으로 주어지는 서비스들을 조직적인 형태로 정리하여 중복

과 누락의 문제를 최소화하려는 역할이다.

8 답 ③
사회복지조직은 사회경제적 환경의 변화뿐만 아니라, 인적·물적 자원을 제공하는 외부 요인, 그리고 인·허가를 통해 합법성과 권위를 부여하는 기관 등 다양한 외부 환경에 영향을 받는 특징이 있다.

9 답 ②
공적인 노후소득보장제도에는 국민연금 및 특수직역연금과 같은 사회보험 방식의 제도도 포함되지만 **기초연금과 같은 공공부조제도도 포함**된다.

10 답 ①
행동 학습의 핵심 원리로 강화와 처벌을 제시한 학자는 스키너(B. F. Skinner)이다. 반두라는 대리적 조건화, 관찰학습(대리적 학습, 모방 혹은 모델링이라고도 함)과 자기강화의 원리를 제시하였다.

11 답 ④
생계급여는 가구의 소득인정액을 고려하여 선정기준 대비 차액을 보충하는 방식으로 지급되므로 개별가구의 소득에 따라 차등 지급된다(소득이 증가할수록 급여액 감소).

12 답 ③
ㄱ. 산업화이론은 국가의 정치이념과 무관하게 산업화 수준이 높아지면 사회복지제도가 발전한다고 본다.
ㄷ. 국가중심이론은 국가조직의 형태와 행정 관료의 역할이 사회복지정책 발달의 주요 요인이라고 본다.
ㄹ. 시민권이론은 사회복지정책을 시민권 확대 과정의 결과로 본다.

✗ 오답체크
ㄴ. 권력자원이론은 사회복지정책이 노동계급의 정치적 힘과 권력자원의 크기에 따라 결정된다고 본다. 이익집단 간 경쟁을 강조하는 것은 **이익집단이론(이익집단정치이론 혹은 다원주의이론)**이다.

13 답 ②
공감(empathy)은 클라이언트의 상황과 입장에서 클라이언트가 느끼는 감정을 민감하게 이해하고 이를 적절한 언어로 표현함으로써 클라이언트가 자신의 감정을 이해받았다고 느낄 수 있도록 돕는 실천기술이다. 제시된 내용들은 모두 클라이언트의 감정을 이해하고, 이를 적절한 언어로 전달하고 있으므로 '공감' 기술에 해당한다.

14 답 ④
운영상의 경비를 경감할 수 있다는 말은 운영효율성이 높음을 의미한다. 운영효율성이 높은 순서는 현금급여 > 증서(바우처) > 현물급여 순이다. 따라서 증서(바우처)는 **현물급여보다** 운영상의 경비를 경감할 수 있다고 해야 옳다.

15 답 ②
- 통제집단 사전사후검사 설계와 통제집단 사후검사 설계는 실험설계이고, 비동일 통제집단 설계와 단순 시계열 설계는 유사실험설계이다.
- 첫 번째 조건(조사대상자를 무작위할당으로 실험집단과 통제집단에 배정)은 해당 설계가 실험설계임을 의미한다. 따라서 답의 범위는 ①과 ②로 좁혀진다.
- ①(통제집단 사전사후검사 설계)에서처럼 사전검사와 사후검사를 둘 다 실시하면 사전검사가 사후검사 점수에 영향을 미치는 검사효과가 개입될 수 있다. 이와 달리 ②(통제집단 사후검사 설계)에서처럼 사전검사는 실시하지 않고 사후검사만 실시하면 검사효과가 개입될 수 없으므로 검사효과가 개입되지 않도록 통제할 수 있다.

16 답 ②
좋은 기록은 사실과 견해가 명확히 구분된다. 사회복지사가 관찰한 사실적 사항과 사회복지사의 견해나 해석은 구분하여 기록하는 것이 좋다.

✗ 오답체크
① 좋은 기록은 전문가의 견해를 포함하면서도 클라이언트의 관점을 배제하지 않는 기록이다.
③ 면담 중 사회복지사가 모든 대화를 기록하려고 하면, 클라이언트가 불편함을 느끼고 솔직한 이야기를 하지 못할 가능성이 있다. 특히, 민감한 주제를 다루는 경우 사회복지사가 이를 세세히 기록하는 것을 보면 클라이언트가 위축되어 편하게 말하기 어려울 수 있다.
④ 기록 여부와 활용 목적을 사전에 설명하고 동의를 얻는 것이 원칙이다.

17 답 ①
노인인구가 전체인구의 **20%**가 넘는 초고령사회(super-aged society)에 진입함에 따라 노인복지 수요가 크게 증가하였다.

18 답 ③
ㄱ. 「노인장기요양보험법」은 2007년에 제정되었다.

ㄴ. 「장애인연금법」은 2010년에 제정되었다.
ㄷ. 「국민건강보험법」은 1999년에 제정되었다.
ㄹ. 「기초연금법」은 2014년에 제정되었다.

19 답 ①
자원개발 및 관리 사업은 지역조직화 기능에 포함된다.

사회복지관의 3대 기능과 해당되는 사업

사례관리		사례발굴, 사례개입, 서비스 연계
서비스 제공	가족기능 강화	가족관계증진사업, 가족기능보완사업, 가정문제해결, 부양가족지원사업, 다문화가정이나 북한이탈주민 등 지역 내 이용자 특성을 반영한 사업
	지역사회보호	**보**건의료서비스, **경**제적 지원, **재**가복지봉사서비스, **일**상생활 지원, **급**식서비스, **일**시보호서비스, **정**서서비스 암기 보경(이의) 재일 급(한) 일정
	교육문화	아동·청소년 사회교육, 성인기능교실, 노인 여가·문화, 문화복지사업
	자활지원 등 기타	직업기능훈련, 취업알선, 직업능력개발, 그 밖의 특화사업
지역 조직화	복지네트워크 구축	지역사회연계사업, 지역욕구조사, 실습지도
	주민조직화	주민복지증진사업, 주민조직화사업, 주민교육
	자원개발 및 관리	자원봉사자 개발·관리, 후원자 개발·관리

20 답 ①
잔여적 개념에서 개인은 기본적으로 가족과 시장을 통해 욕구를 충족한다. 가족이나 시장 등의 정상적인 통로가 제 기능을 원활하게 수행하지 못할 때 파생되는 문제에 대해서만 사회복지가 일시적으로 보충하는 역할을 한다고 본다.

✗ 오답체크
② **잔여적** 개념은 보수주의 및 예외주의 이념과 맥락을 같이 한다. 이와 달리 제도적 개념은 자유주의 및 보편주의 이념과 맥락을 같이 한다.
③ **제도적** 개념에서는 빈곤이나 실업과 같은 사회문제가 발생하는 주된 원인이 사회구조에 있다고 본다. 이와 달리 잔여적 개념에서는 개인에 있다고 본다.
④ 제도적 개념에서는 사회복지제도를 사회의 유지 및 발전에 **필수적인 사회제도라고 본다**. 이와 달리 잔여적 개념에서는 사회복지제도를 필수적인 사회제도라고 보지 않는다.

봉투모의고사 제2회 정답 및 해설

1	2	3	4	5	6	7	8	9	10	11	12	13	14	15	16	17	18	19	20
②	①	①	①	③	②	④	③	④	④	②	①	③	①	①	④	②	④	②	④

1 답 ②
세계 최초의 자선조직협회는 **19세기** 후반(1869년) **영국**에서 최초로 설립되었다.

2 답 ①
①은 사정단계, ②는 계획단계, ③은 개입단계, ④는 평가와 종결단계에서 수행하는 활동이다.

3 답 ①
조합주의 복지국가는 복지 혜택이 직업별, 계층별 차등적으로 제공되기 때문에 모든 시민이 동등한 복지 혜택을 받지 못하며, 노동시장 참여 여부와 사회적 지위에 따라 복지 수준이 다르다. 그런 점에서 국가가 복지를 보장하긴 하지만 탈상품화 수준은 제한적이다.

✗ 오답체크
② 조합주의 복지국가는 **사회보험 프로그램**을 상대적으로 중시한다. 공공부조 프로그램을 상대적으로 중시하는 것은 자유주의 복지국가이다.
③ 대표적인 국가로 **독일, 프랑스, 오스트리아, 이탈리아** 등을 들 수 있다. 스웨덴과 덴마크는 사회민주주의 복지국가이다.
④ 조합주의 복지국가는 복지 혜택이 보편적이기보다는 직업·계층에 따라 **차등 지급**된다.

4 답 ①
위험분산의 원리에 따른 상호부조의 성격이 강한 것은 공공부조가 아니라 **사회보험**이다.

5 답 ③
- 롤스가 제시한 정의의 **제1원칙은 평등한 자유의 원칙**이고, 제2원칙은 차등의 원칙과 공정한 기회균등의 원칙이다.
- 정의의 제1원칙은 제2원칙보다 우선한다. 즉, 모두에게 평등한 기본적인 자유는 더 큰 사회적, 경제적 이득을 이유로 침해되어서는 안 된다.
- 정의의 제2원칙 안에서는 공정한 기회균등의 원칙이 차등의 원칙보다 우선한다.

6 답 ②
페미니즘은 복지국가에 대하여 양면적인 태도를 보인다. 페미니즘은 가부장적인 복지국가를 비판하지만, 양성평등을 위한 사회복지정책의 역할은 인정한다.

✗ 오답체크
① 밝고 약한 녹색주의는 무질서한 착취로부터의 환경 보호를 위해 **환경 친화적인 경제성장과 소비**를 할 것을 강조한다. 이와 달리 어둡고 강한 녹색주의는 더 이상의 경제성장과 소비를 멈출 것을 주장한다.
③ 신자유주의가 일체의 국가 역할을 반대하는 것은 아니다. 신자유주의는 **국가 개입을 최소화**하고(군사, 경찰, 사법 등 최소한의 국가 기능은 유지), 국가의 역할을 시장을 보호하고 촉진하는 방향으로 제한하려는 이념이다.
④ 제3의 길은 결과의 평등이 아니라 **기회의 평등**을 강조한다.

7 답 ④
국민기초생활보장제도(2000년 시행)와 노인장기요양보험제도(2008년 시행)는 2000년대에 시행된 것이 맞지만, 아동수당제도(2018년 시행)는 2010년대에 시행되었다.

옳은 지문 보충설명
① 최저임금제도와 국민연금제도는 둘 다 1988년에 시행되었다.
② 1960년대에는 생활보호제도(1962년 시행), 산업재해보상보험제도(1964년 시행), 공무원연금제도(1960년 시행) 등이 시행되었다.
③ 1990년대에는 고용보험제도(1995년 시행), 사회복지공동모금제도(1998년 시행), 사회복지시설 평가제도(1999년 시행) 등이 시행되었다.

8 답 ③
체계론적 시각, 정책성과의 최적화, 합리와 초합리, 질적 모형은 모두 최적모형의 핵심 키워드이다.

9 답 ④

길버트와 테렐(Gilbert & Terrell)이 제시한 사회복지정책의 네 가지 분석틀은 할당체계(Allocation), 급여체계(Provision), 전달체계(Delivery), **재정체계(Finance)**이다.

10 답 ④

사회복귀시설은 과거 「정신보건법」에서 규정하고 있던 시설로, 현재의 「정신건강증진 및 정신질환자 복지서비스 지원에 관한 법률」에서는 정신재활시설로 명칭이 변경되었다.

11 답 ②

사회복지사는 업무와 관련해 **정당하지 않은 방법으로** 경제적 이득을 취해서는 안 된다.

12 답 ①

①, ②, ③, ④ 모두 사회복지실천의 1차 현장이다. 그리고 ①만 생활시설이고, ②~④는 모두 이용시설이다.

13 답 ③

전문가를 육성하는 교육체계, 전문가 단체(예 한국사회복지사협회, 정신건강사회복지사협회, 학교사회복지사협회), 전문직 실천의 가치, 사회복지사 윤리강령, 시설협회(예 사회복지관협회, 노인복지시설협회) 등은 전문가체계(혹은 전문체계)에 속한다.

14 답 ①

✗ 오답체크

② 클라이언트가 자신의 감정을 자유롭게 표현하도록 돕는 것은 **의도적 감정표현**이다.
③ 클라이언트의 감정에 민감성을 가지고 그 감정을 공감적으로 이해하며 적절한 반응을 보이는 것은 **통제된 정서적 관여**이다.
④ 비심판적인 태도는 클라이언트의 문제나 욕구에 대해 객관적인 판단을 하지 않아야 한다는 것이 아니라 문제의 책임이 클라이언트에게 있다고 심판하거나 비난하지 않아야 한다는 것이다. 클라이언트의 문제나 욕구에 대한 객관적인 판단은 전문적인 개입을 위해 필요하다.

15 답 ①

과제중심모델은 특정 이론이나 접근방법을 고집하지 않고 다양한 접근방법을 사용하는 절충적인 모델이다.

✗ 오답체크

② 과제중심모델은 클라이언트의 표적문제 해결에 초점을 두며, 클라이언트의 **환경에 개입하는 것을 강조**한다.
③ 과제중심모델은 클라이언트의 자기결정권을 강조하며, 개입에 대해 **구조화된 접근**을 한다.
④ 과제중심모델은 개입의 책무성(효과성과 효율성 둘 다를 강조)을 높이기 위해 **시간제한적인 단기개입**을 강조하는 모델이다.

16 답 ④

지역사회개발모델에서는 전체 지역사회를 사회복지실천의 대상자 범위로 본다. 대상자 범위를 억압받고 있는 주민에 한정하는 모델은 **사회행동모델**이다.

17 답 ②

동화와 조절은 피아제(J. Piaget)가 제시한 인지발달이론의 주요 개념이다. 스키너(F. B. Skinner)는 행동주의이론가로 조작적 조건화, 강화와 처벌, 소거, 행동조성 등을 주요 개념으로 한다.

18 답 ④

> **사회투자국가의 특징**
> ① 사회투자국가에서 복지지출은 수익을 창출하는 선에서 허용된다.
> ② 경제정책과 사회정책의 통합성을 강조하지만 경제정책이 사회정책보다 우선한다.
> ③ 사회투자는 인적자본, 특히 아동에 대한 투자를 핵심으로 한다.
> ④ 사회지출을 소비적 지출과 투자적 지출로 나눠 소비적 지출은 가능한 한 억제한다.
> ⑤ 시민의 권리는 의무와 균형을 이루어야 한다. 따라서 국가는 경제적 기회와 복지 제공의 의무를 지는 반면, 시민은 노동을 통해 스스로를 부양해야 한다.
> ⑥ 결과의 평등보다는 기회의 평등을 중시한다.

✗ 오답체크

① 사회투자는 소득보장이 아니라 **인적자본에 대한 투자**를 핵심으로 한다.
② 사회투자국가에서의 복지지출은 **수익을 창출하는 선에서 허용**된다.
③ 시민은 노동을 통해 **스스로를 부양해야 하는 의무와 책임**이 있다.

19 답 ②

생산 또는 소비 과정에서 제3자에게 의도치 않은 혜택(예 전염성 질환에 대한 백신 접종을 함으로써 다른 사람들의 감염 위험도를 낮춤)이나 피해(예 공장 매연으로 인한 대기오염)를 초래하지만, 이에 대한 적절한 보상이 이루어지지 않는 것을 외부효과(externalities)라 한다.

✗ 오답체크

① 불완전 경쟁(imperfect competition)은 독점, 과점 등의 시

장 구조로 인해 가격이 효율적으로 결정되지 않고(예 독점기업이 가격을 인위적으로 높이는 것), 자원의 비효율적 배분이 발생하는 것을 말한다.

③ 위험발생의 상호의존성(interdependence of risk occurrence)은 개인이나 기업의 위험발생이 또 다른 경제 주체의 위험발생과 독립적이지 않은 현상(예 금융위기 시 한 은행의 부실이 다른 금융기관으로 확산)을 말한다.

④ 정보의 비대칭성(information asymmetry)은 시장에서의 구매자와 판매자 간 정보 차이로 인해 정보가 상대적으로 취약한 쪽이 손해를 보게 되면서 자원 배분이 비효율적으로 이루어지는 것을 말한다(예 중고차 시장에서 판매자가 차량의 결함을 숨기고 판매하여 구매자가 손해를 보게 되는 경우).

20 답 ④

- 다중기초선설계(복수기초선설계)는 단일사례설계의 유형 중 서로 다른 문제, 서로 다른 상황이나 대상자에 대해 AB설계를 적용하되, 서로 다른 기초선 기간을 둠으로써 내적 타당도를 높이는 설계이다.
- 다중기초선설계의 유형으로는 문제 간 다중기초선설계, 상황 간 다중기초선설계, 대상자 간 다중기초선설계가 있다.

✗ 오답체크

① ABAB설계는 AB설계에 제2기초선(A)과 제2개입(B)을 추가한 설계이다.
② BAB설계는 기초선(A) 없이 곧장 개입을 실시한 후 그 다음에 개입을 중단하는 반전 기간(A)을 갖고 그 후에 다시 개입(B)을 시작하는 설계이다.
③ 다중요소설계는 하나의 기초선 자료에 대해 서로 다른 개입방법을 연속적으로 도입하는 설계로, ABC설계 혹은 ABCD설계라고도 한다.

봉투모의고사 제3회 정답 및 해설

1	2	3	4	5	6	7	8	9	10	11	12	13	14	15	16	17	18	19	20
②	④	③	①	①	④	④	③	③	①	②	①	④	①	④	②	①	③	②	③

1 답 ②

「청소년복지 지원법」상 청소년복지시설은 청소년쉼터, 청소년자립지원관, 청소년치료재활센터, 청소년회복지원시설이다. 청소년일시보호시설을 규정하고 있는 법은 없다.

> **「청소년복지 지원법」 제31조(청소년복지시설의 종류)**
> 1. **청소년쉼터**: 가정 밖 청소년에 대하여 가정·학교·사회로 복귀하여 생활할 수 있도록 일정 기간 보호하면서 상담·주거·학업·자립 등을 지원하는 시설
> 2. **청소년자립지원관**: 일정 기간 청소년쉼터 또는 청소년회복지원시설의 지원을 받았는데도 가정·학교·사회로 복귀하여 생활할 수 없는 청소년에게 자립하여 생활할 수 있는 능력과 여건을 갖추도록 지원하는 시설
> 3. **청소년치료재활센터**: 학습·정서·행동상의 장애를 가진 청소년을 대상으로 정상적인 성장과 생활을 할 수 있도록 해당 청소년에게 적합한 치료·교육 및 재활을 종합적으로 지원하는 거주형 시설
> 4. **청소년회복지원시설**: 「소년법」에 따른 감호 위탁 처분을 받은 청소년에 대하여 보호자를 대신하여 그 청소년을 보호할 수 있는 자가 상담·주거·학업·자립 등 서비스를 제공하는 시설

2 답 ④

과거에는 서비스가 분야별(보건, 고용, 주거 등)로 분리되어 있었지만, 최근에는 원스톱 서비스나 통합사례관리처럼 하나의 창구에서 다양한 서비스를 연계·제공하는 방식이 늘어나고 있다.

3 답 ③

사회복지실천의 전문적 관계에서 관계의 전반적인 과정에 대한 책임은 **사회복지사**에게 있다.

4 답 ①

ㄱ. 적립 방식은 장기적, 시간적(시점 간), 세대 내 재분배 효과를 갖는다.
ㄴ. 부과 방식은 인구 구조 변화(저출생·고령화)에 직접적인 영향을 받는다.

✗ 오답체크

ㄷ. 매년 수입과 지출이 균형을 유지하는 것이 재정운영에서 중요한 것은 **부과 방식**이다. 이와 달리 적립 방식에서는 추후 연금 지급이 가능할 만큼 충분한 보험료를 적립하는 것이 중요하다.

ㄹ. 부과 방식은 시행 초기에 재정적 부담이 적고, 제도 도입과 동시에 급여를 지급할 수 있다는 장점이 있다. 이와 달리 **적립 방식**은 일정한 적립 기간이 지나야 급여를 지급할 수 있어 충분한 기금이 축적되기 전인 제도 시행 초기 재정 부담이 크다는 단점이 있다.

5 답 ①

ㄱ. 현물급여는 지정된 용도로만 사용할 수 있으므로 정책 목표에 맞는 소비를 유도할 수 있다. 반면, 현금급여는 수급자가 자유롭게 사용할 수 있어 정책 목표와 다르게 소비될 가능성이 크다.

ㄹ. 현물급여는 정부가 대량으로 재화를 구매하거나 생산하는 과정에서 규모의 경제 효과를 얻을 수 있다. 예를 들어, 정부가 직접 의료서비스를 제공하거나 주택을 지원할 경우, 개별적으로 구매하는 것보다 단가를 낮출 수 있다. 반면, 현금급여는 수급자가 시장에서 개별적으로 재화를 구매하는 방식이므로 규모의 경제 효과가 크지 않다.

✗ 오답체크

ㄴ. 현금급여는 수급자의 계좌에 이체만 해주면 되는 방식이기 때문에 집행상의 절차가 매우 간소하여 운영효율성이 가장 높다. **운영효율성이 높은 순서는 현금급여 > 바우처 > 현물급여 순**이다.

ㄷ. 현물급여(예 무료급식, 복지시설 이용 등)는 수급자가 공개적으로 혜택을 받는 경우가 많아 사회적 낙인(stigma) 효과가 강하게 나타날 수 있다. 그러나 현금급여는 수급자의 계좌로 이체되는 방식이기 때문에 수급 과정이 다른 사람에게 공개될 가능성이 거의 없고 그렇게 지급된 현금을 사용할 때에도 그 돈이 수급 받은 돈인지 아닌지를 다른 사람이 알 수가 없으므로 사회적 낙인이 유발되지 않는다.

6 답 ④

- '경계 만들기'는 구조적 가족치료모델의 개입기법이다.
- 다세대 가족치료모델의 주요 개입기법에는 탈삼각화와 가계도 작성 등이 있다.

7 답 ④

로마니쉰(Romanishyn)이 제시한 사회복지에 대한 인식의 변화
- 잔여적 개념에서 제도적 개념으로
- 자선에서 시민의 권리로
- 특수성에서 보편성으로
- 최저수준에서 적정(최적)수준으로
- 개인의 변화에서 사회개혁으로
- 자발적 자선에서 공공활동으로
- 빈민에 대한 복지에서 복지사회로

8 답 ③

의창과 상평창은 고려와 조선 모두에 해당하나, 은면지제, 재면지제, 환과고독진대지제, 수한역려진대지제, 납속보관지제는 고려의 구휼제도에 해당한다.

9 답 ③

부정(denial)은 엄연히 존재하는 위험이나 불쾌한 현실의 존재 자체를 부정함으로써 그로 인한 불안을 회피하려는 방어기제이다. 딸의 사망을 받아들이지 못하고 딸이 몇 달간 여행 중이며 곧 돌아온다고 말하는 어머니를 예로 들 수 있다.

✗ 오답체크
① 방어기제는 불안을 감소하기 위해 **자아**가 무의식적으로 작동시킨다.
② 어떤 대상으로 향했던 충동적인 감정을 덜 위험하거나 편안한 대상에게 향하게 하여 긴장을 완화하는 방어기제는 **전치**(displacement)이다. 분리(isolation)는 감당할 수 없는 감정을 기억과 분리시켜, 무슨 일이 있었는지는 의식하지만 그때 느낀 공포나 두려움 등의 감정은 무의식에 억압하여 느끼지 못하는 방어기제이다.
④ 심리적 갈등이 감각기관이나 수의근(隨意筋) 계통의 증상으로 표출(예 심한 스트레스를 받은 후 팔이나 다리가 마비되거나, 말을 하지 못하게 되는 경우)되는 방어기제는 **전환**(conversion)이다. 신체화(somatization)는 심리적 갈등이 불수의근(隨意筋) 계통의 증상으로 표출(예 지속적인 두통, 복통, 피로감, 소화 불량 등)되는 방어기제이다.

10 답 ①

내적 타당도(internal validity)는 독립변수가 종속변수에 미치는 영향을 얼마나 정확하게 추론할 수 있는가를 의미한다. 내적 타당도가 높다는 것은 연구에서 외생변수(혹은 내적 타당고 저해요인)의 영향을 통제하여 인과관계를 명확히 밝혀낼 수 있음을 의미하므로 ①은 옳은 문장이다.

✗ 오답체크
② 표본의 크기가 크고 조사반응성이 **낮을수록** 외적 타당도가 증가한다.
③ 내적 타당도가 높다고 해서 외적 타당도가 자동으로 높아지는 것은 아니다.
④ 동일한 측정 도구를 사용하여 사전검사와 사후검사를 실시하면, **검사 효과**가 발생하여 내적 타당도가 저해된다.

11 답 ②

ㄴ. 사회보험은 공공부조에 비해 재정에 대한 예측이 용이하다.
ㄷ. 민간보험에서의 급여액 산정은 개별적 형평성을 강조하지만, 사회보험에서의 급여액 산정은 개별적 형평성뿐만 아니라 사회적 적절성을 반영한다. 사회보험은 민간보험과 달리 사회적 적절성의 가치를 중시한다.

✗ 오답체크
ㄱ. 공공부조가 사회보험보다 소득재분배 효과가 더 크다.
ㄹ. 사회보험의 급여는 물가상승에 따른 실질 가치를 반영하여 산정하지만, 민간보험은 그렇지 않다.

12 답 ①

- 기회의 평등이란 결과를 얻는 과정상의 기회를 누구나에게 똑같이 제공하는 것이다. 과정상의 기회가 평등하다면 결과의 불평등은 정당화된다고 보며, 가장 소극적 평등 개념에 해당한다.
- 드림스타트는 기회의 평등을 반영한 정책이다.

✗ 오답체크
② 국민기초생활보장은 **결과의 평등**을 반영한 정책이다.
③ 국민연금은 보험료를 많이 낸 사람이 많은 연금을 받는다는 보험수리 원칙이 적용되므로 **비례적 평등**을 반영한 정책이다. 이와 더불어 저소득층일수록 기여 대비 급여 수준이 상대적으로 높게 설계된다는 점에서 **결과의 평등**도 일부 반영된 정책이라고 볼 수 있다.
④ 아동수당은 8세 미만 아동 누구나에게 10만원을 동일하게 지급하므로 **수량적 평등(산술적 평등)**을 반영한 정책이다.

13 답 ④

마르크스주의에서는 복지국가를 자본주의 체제를 강화하는 수단이라고 보며, 사회복지를 확대하더라도 자본주의의 근본적 모순은 극복할 수 없다고 본다. 평등의 실현은 복지국가를 통해서가 자본주의 경제체제의 붕괴를 통해서만 달성

할 수 있다고 본다. 그리고 복지국가가 자본주의체제를 영속화시켜 사회주의로의 이행을 방해한다고 본다.

14 답 ①
제2차 세계대전(1939~1945)이 종식된 것은 1945년이고, 베버리지 보고서가 출간된 것은 종식 전인 1942년이었다.

15 답 ④
- 사회민주주의 복지국가는 조합주의 복지국가보다 여성의 노동시장 참여를 강조한다.
- 사회민주주의 복지국가는 적극적으로 여성의 노동시장 참여를 지원한다. 예를 들어, 보편적 보육 서비스 제공, 육아휴직 보장, 성평등 정책 등을 통해 여성의 경제활동을 촉진한다. 반면, 조합주의 복지국가는 전통적인 가족주의 성향이 강하기 때문에 여성의 가정 내 역할을 강조하는 경향이 있다. 따라서 전형적인 남성생계부양자 모형에 속하며, 여성의 노동시장 참여를 강조하지 않는다.

16 답 ②
ㄷ. 선별적 복지는 복지 혜택을 꼭 필요한 사람에게만 제공하기 때문에 목표효율성(혹은 대상효율성)과 비용효과성(혹은 비용효율성)이 높다.
ㄹ. 선별적 복지는 일정 소득을 초과하면 복지 혜택이 중단되는 경우가 많아, 수급자가 소득을 늘리는 것을 주저하게 만드는 빈곤함정(빈곤의 덫)을 유발할 가능성이 있다.

✗ 오답체크
ㄱ. 선별적 복지는 소득이나 자산 조사 등을 통해 대상자를 선정하므로, 기여자(납세자)와 수혜자(복지 혜택을 받는 사람)가 구별된다.
ㄴ. 선별적 복지는 소득 및 자산 조사 등 행정 절차가 필요하여 보편적 복지보다 행정 업무가 복잡하다.

17 답 ①
「사회적기업육성법」상 사회적기업의 정의: "사회적기업"이란 취약계층에게 사회서비스 또는 일자리를 제공하거나 지역사회에 공헌함으로써 지역주민의 삶의 질을 높이는 등의 사회적 목적을 추구하면서 재화 및 서비스의 생산·판매 등 영업활동을 하는 기업으로서 고용노동부장관의 인증 받은 자를 말한다(소관부처: 고용노동부).

✗ 오답체크
② 「도시재생 활성화 및 지원에 관한 특별법」상 마을기업의 정의: "마을기업"이란 지역주민 또는 단체가 해당 지역의 인력, 향토, 문화, 자연자원 등 각종 자원을 활용하여 생활환경을 개선하고 지역공동체를 활성화하며 소득 및 일자리를 창출하기 위하여 운영하는 기업을 말한다(소관부처: 행정안전부).
③ 자활기업: 2인 이상의 수급자 또는 차상위자가 상호 협력하여, 조합 또는 사업자의 형태로 탈빈곤을 위한 자활사업을 운영하는 업체로, 「국민기초생활 보장법」에 의한 자활기업 요건을 갖추고 보장기관으로부터 인정을 받아야 한다(소관부처: 보건복지부).
④ 「협동조합 기본법」상 사회적협동조합의 정의: "사회적협동조합"이란 협동조합 중 지역주민들의 권익·복리 증진과 관련된 사업을 수행하거나 취약계층에게 사회서비스 또는 일자리를 제공하는 등 영리를 목적으로 하지 아니하는 협동조합을 말한다(소관부처: 기획재정부).

18 답 ③
병리적 관점에서는 개인의 발전이 병리에 의해 제한된다고 보지만, 강점관점에서는 개인적 발전이 항상 개방되어 있다고 본다. 강점관점에서는 성장과 변화의 상한선은 없다고 전제한다.

19 답 ②
✗ 오답체크
ㄹ. 전체 모집단에서 몇 개의 집단을 무작위로 추출한 후 해당 집단 내에서 자료를 수집하는 것은 층화표집이 아니라 **집락표집**(cluster sampling)에 해당한다.

20 답 ③

> **사회보장기본법」제3조(정의)**
> 3. "공공부조"(公共扶助)란 **국가와 지방자치단체**의 책임 하에 생활 유지 능력이 없거나 생활이 어려운 국민의 최저생활을 보장하고 자립을 지원하는 제도를 말한다.
> 4. "사회서비스"란 국가·지방자치단체 및 민간부문의 도움이 필요한 모든 국민에게 복지, 보건의료, 교육, 고용, **주거**, 문화, **환경** 등의 분야에서 인간다운 생활을 보장하고 상담, 재활, 돌봄, 정보의 제공, 관련 시설의 이용, 역량 개발, 사회참여 지원 등을 통하여 국민의 삶의 질이 향상되도록 지원하는 제도를 말한다.

봉투모의고사 제4회 정답 및 해설

1	2	3	4	5	6	7	8	9	10	11	12	13	14	15	16	17	18	19	20
③	①	①	②	③	②	①	③	②	④	④	①	③	④	①	①	④	③	①	②

1 답 ③
집단 구성요소를 고려하여 집단을 계획하는 단계는 초기단계가 아니라 **준비단계**이다.

2 답 ①

✕ 오답체크

ㄴ. "수급품"이란 이 법에 따라 수급자에게 지급하거나 대여하는 **금전 또는 물품**을 말한다.

ㄹ. "소득인정액"이란 보장기관이 급여의 결정 및 실시 등에 사용하기 위하여 산출한 개별가구의 소득평가액과 재산의 소득환산액을 합산한 금액을 말한다.

> 「국민기초생활 보장법」제2조(정의)
> 1. "**수급권자**"란 이 법에 따른 급여를 받을 수 있는 자격을 가진 사람을 말한다.
> 2. "**수급자**"란 이 법에 따른 급여를 받는 사람을 말한다.
> 3. "**수급품**"이란 이 법에 따라 수급자에게 지급하거나 대여하는 금전 또는 물품을 말한다.
> 4. "**보장기관**"이란 이 법에 따른 급여를 실시하는 국가 또는 지방자치단체를 말한다.
> 5. "**부양의무자**"란 수급권자를 부양할 책임이 있는 사람으로서 수급권자의 1촌의 직계혈족 및 그 배우자를 말한다. 다만, 사망한 1촌의 직계혈족의 배우자는 제외한다.
> 6. "**최저보장수준**"이란 국민의 소득·지출 수준과 수급권자의 가구 유형 등 생활실태, 물가상승률 등을 고려하여 급여의 종류별로 공표하는 금액이나 보장수준을 말한다.
> 7. "**최저생계비**"란 국민이 건강하고 문화적인 생활을 유지하기 위하여 필요한 최소한의 비용으로서 보건복지부장관이 계측하는 금액을 말한다.
> 8. "**개별가구**"란 이 법에 따른 급여를 받거나 이 법에 따른 자격요건에 부합하는지에 관한 조사를 받는 기본단위로서 수급자 또는 수급권자로 구성된 가구를 말한다.
> 9. "**소득인정액**"이란 보장기관이 급여의 결정 및 실시 등에 사용하기 위하여 산출한 개별가구의 소득평가액과 재산의 소득환산액을 합산한 금액을 말한다.
> 10. "**차상위계층**"이란 수급권자에 해당하지 아니하는 계층으로서 소득인정액이 대통령령으로 정하는 기준 이하인 계층을 말한다.
> 11. "**기준 중위소득**"이란 보건복지부장관이 급여의 기준 등에 활용하기 위하여 중앙생활보장위원회의 심의·의결을 거쳐 고시하는 국민 가구 소득의 중위값을 말한다.

3 답 ①
가정위탁지원센터는「아동복지법」에서 규정하는 아동복지시설로 보건복지부 소관이다.

✕ 오답체크

② 건강가정지원센터는「건강가정기본법」에서 규정하는 사회복지시설로, 여성가족부 소관이다.

③ 다문화가족지원센터는「다문화가족지원법」에서 규정하는 사회복지시설로, 여성가족부 소관이다.

④ 청소년쉼터는「청소년복지 지원법」에서 규정하는 사회복지시설로, 여성가족부 소관이다.

4 답 ②
도움을 요청한 사람의 문제와 욕구를 확인하고 기관에서 서비스를 제공할 수 있는지 판단하는 일은 **접수(intake) 단계**에서 이루어진다.

5 답 ③
- 체계적 오류는 일정한 양태로 발생하는 측정오류를 말한다. 체계적 오류는 체중계가 항상 2kg 더 나오는 것처럼 매번 측정할 때마다 일정한 양태로 측정오류가 발생하여 무작위(비체계적) 오류에 비해 오류의 발생 방향이나 크기를 예측하기 용이하다.
- 체계적 오류는 측정값에 편향(bias)을 일으켜 측정의 정확도(타당도)를 떨어뜨린다.

6 답 ②
문제를 유지하는 연쇄를 변화시키기 위해 문제행동을 유지하거나 강화하는 행동을 수행하도록 지시하는 기법은 '역설적 지시'이다. 역설적 지시 기법은 전략적 가족치료모델에서 주로 사용한다.

✕ 오답체크

① 가족을 재구조화하여 가족이 적절히 기능을 수행할 수 있도록 돕는 데 목표를 두는 가족치료모델은 **구조적 가족치료모델**이다.

③ 비난형, 회유형, 초이성형, 산만형과 같은 역기능적인 의사소통을 기능적(일치형 의사소통)으로 변화시키고자 하는 가족치료모델은 **경험적 가족치료모델**이다.

④ 가계도는 2~3세대 이상의 가족 내 관계를 한눈에 보여주는 사정도구지만, 가족과 주변 환경 간 관계를 보여주지는 않는다.

7 답 ①

성실은 청소년기의, 사랑은 청년기(성인초기)의, 능력은 아동기(학령기)의, 목표의식은 유아(幼兒)기(유희기 또는 학령전기)의 심리사회적 위기를 극복했을 때 얻을 수 있는 덕목이다.

에릭슨의 심리사회적 위기와 결과

단계		심리사회적 위기	결과
1	유아(乳兒)기	신뢰감 대 불신감	희망
2	초기아동기	자율성 대 수치심과 의심	의지
3	유희기(학령전기)	주도성 대 죄의식	목적(목적의식)
4	학령기	근면성 대 열등감	능력
5	청소년기	자아정체감 대 자아정체감 혼란	성실
6	성인초기(청년기)	친밀감 대 고립	사랑
7	성인기	생산성 대 침체	배려(돌봄)
8	노년기	자아통합 대 절망	지혜

8 답 ③

전통적인 소득보장 중심의 복지국가 모델과 달리, 제3의 길은 근로연계복지를 강화하고, 교육·훈련 등과 같은 인적자본 투자 중심의 **사회투자국가**(social investment state)를 지향한다.

9 답 ②

✗ 오답체크

ㄴ. 기초연금은 (사회수당이 아니라) 65세 이상의 노인 중에서도 소득인정액이 선정기준 이하에 해당하는 사람에게만 지급되는 선별적인 공공부조제도이다. 즉, 인구학적 요건 외에도 자산조사에 의한 소득 기준을 추가적으로 요한다.

10 답 ④

기회의 평등이 가장 소극적인 평등 개념인 것은 맞지만, 열등처우의 원칙은 기회의 평등이 아니라 **비례적 평등(형성 또는 공평)** 개념을 반영한 것이다.

11 답 ④

ㄱ. 아동수당제도는 2018년부터 시행되었으나 당시에는 소득 하위 90%에게만 지급하는 선별적인 성격이었고, 인구학적 요건(연령 기준)을 충족하기만 하면 다른 조건을 따지지 않고 지급하는 보편적 사회수당으로서의 아동수당제도가 본격적으로 시행된 것은 **2019년**부터였다.

ㄴ. 우리나라가 초고령사회(super-aged society)에 진입한 것은 **2024년 12월 말**부터이다.

ㄷ. 장애인활동지원제도는 혼자서 일상생활과 사회생활을 하기 어려운 장애인에게 활동지원급여를 제공하여 자립생활을 지원하는 제도로, **2007년부터 2010년 사이** 정부가 활동보조서비스 시범사업을 실시하여 지원 필요성과 효과를 검증한 후, 2011년에 「장애인활동지원에 관한 법률」을 제정하고 이때부터 본격적으로 장애인활동지원제도를 실시하였다.

ㄹ. 조합주의 방식으로 운영되던 기존의 의료보험이 국민건강보험공단을 통한 통합주의 방식으로 변화된 것은 1999년 제정된 「국민건강보험법」이 시행된 **2000년**부터이다.

12 답 ①

길버트와 테렐(Gilbert & Terrell)이 제시한 사회복지정책에 대한 분석적 접근방법은 과정(process)분석, 산물(산출, product)분석, 성과(performance)분석의 3P이다.

13 답 ③

고용보험제도는 **근로자를 사용하는 모든 사업 또는 사업장**에 적용한다.

14 답 ④

「노인장기요양보험법」 제31조(장기요양기관의 지정) 제1항: 재가급여 또는 시설급여를 제공하는 장기요양기관을 운영하려는 자는 보건복지부령으로 정하는 장기요양에 필요한 시설 및 인력을 갖추어 소재지를 관할 구역으로 하는 **특별자치시장·특별자치도지사·시장·군수·구청장**으로부터 지정을 받아야 한다.

15 답 ①

근로장려세제는 저소득 근로자에게 혜택을 제공하는 선별적인 제도이므로 수직적 소득재분배 효과가 발생한다.

16 답 ①

사회복지사는 정보처리기술을 이용하는 것이 클라이언트의 권리를 침해할 위험성이 있다는 사실을 **인식하고 직업적 범위 안에서 활용**한다(클라이언트에 대한 윤리기준 중 '직업적 경계 유지'에 해당하는 규정).

17 답 ④

- 보편주의는 **사회적 효과성**이, 선별주의는 **경제적 효율성**이 높다.
- 보편주의는 모든 국민을 대상으로 복지를 제공하므로 사회적 효과성이 높다. 이와 달리, 선별주의는 필요한 사람에게만 급여를 지급하여 재정 부담이 적고, 경제적 효율성이 높다.

옳은 지문 보충설명

① 보편주의는 연대와 공동체(집합주의) 가치를 중시하며, 선

별주의는 개인의 책임과 자유(개인주의) 가치를 강조한다.
② 보편주의에서는 복지를 국민의 기본적인 권리로 보며, 선별주의에서는 국가가 제공하는 시혜적 성격이 강하다.
③ 보편주의는 국가가 적극적으로 개입하는 반면, 선별주의는 개인의 책임을 중시하여 국가 개입을 최소화하려 한다.

18 답 ③

치매안심센터는 「노인복지법」이 아니라 「치매관리법」에서 규정하고 있다.

옳은 지문 보충설명
① 경로당은 노인복지시설 중 노인여가복지시설이다.
② 노인복지주택은 노인복지시설 중 노인주거복지시설이다.
④ 양로시설은 노인복지시설 중 노인주거복지시설이다.

19 답 ①

①은 형성평가, ②는 효과성평가(총괄평가나 성과평가라고 해도 무방함), ③은 효율성평가, ④는 메타평가이다.

20 답 ②

성과주의 예산모형은 사업과 활동목표에 초점을 맞추고, 각 사업의 산출(output)과 효율성을 기반으로 예산을 편성한다. 그리고 각 사업의 활동목표와 산출에 대한 투입 비용의 적절성을 고려해 '단위원가 × 업무량 = 예산액'으로 각 세부사업에 대한 예산을 편성한다.

봉투모의고사 제5회 정답 및 해설

1	2	3	4	5	6	7	8	9	10	11	12	13	14	15	16	17	18	19	20
③	③	③	④	③	②	②	④	②	①	④	①	②	①	④	④	③	①	④	①

1 답 ③
사회보험은 기여에 근거하여 급여가 제공되기 때문에 공공부조보다 권리성이 강하다.

✗ 오답체크
① 사회보험은 공공부조보다 대상효율성이 **낮다**.
② 사회보험은 공공부조보다 소득재분배 효과가 **작다**.
④ 사회보험은 공공부조보다 사회적 위험에 대한 **사전예방적** 성격이 강하다. 빈곤 위험에 대한 사후대응적 성격이 강한 것은 공공부조이다.

2 답 ③
법 앞에서의 평등, 신체의 자유, 언론의 자유 등의 권리는 사회권이 아니라 **공민권**이다.

마셜이 제시한 시민권의 확대 과정

18세기	공민권	법 앞에서의 평등, 신체의 자유, 언론의 자유 등
19세기	정치권(참정권)	투표할 수 있는 권리, 정치과정에 참여할 수 있는 권리 등
20세기	사회권	인간다운 생활을 보장받을 권리(복지에 대한 권리, 교육에 대한 권리 등)

3 답 ③
- 1942년 영국의 베버리지 보고서에서는 궁핍(빈곤, 결핍), 질병, 무지, 불결, 나태를 영국 사회의 다섯 가지 주요 문제로 규정했다.
- 이러한 다섯 가지 사회 문제 중 특히 궁핍(빈곤, 결핍)은 다른 문제들과 밀접하게 연결되어 있으며, 이를 해결하기 위한 핵심적인 방안으로 사회보장(social security)이 강조되었다. 베버리지 보고서는 국민이 최소한의 생활을 유지할 수 있도록 포괄적인 사회보장제도를 구축해야 한다고 주장했으며, 이를 통해 빈곤을 구조적으로 예방하고 완화하는 것을 목표로 삼았다.

✗ 오답체크
① 1909년 영국의 **소수파 보고서**는 기존 구빈법의 폐지와 빈곤 예방을 주장했다.
② 영국은 1911년에 국민보험법(National Insurance Act)을 제정하면서 처음으로 건강보험과 실업보험을 도입했다. 이 중 **실업보험**은 영국 최초이자 세계 최초의 도입이었다(건강보험은 이미 1883년에 독일에서 질병보험을 먼저 도입했기 때문에 세계 최초 도입은 아니었다. 질병보험, 건강보험, 의료보험은 같은 개념으로 이해하도록 하자).
④ 세계 최초로 도입된 사회보험제도는 독일의 **질병보험**(의료보험 혹은 건강보험이라고 해도 무방함)이었다. 독일의 비스마르크는 1883년에 세계 최초로 질병보험을 도입했고, 1884년에 산업재해보상보험을, 1889년에 노령 및 폐질보험(혹은 노령 및 폐질연금)을 도입했다.

4 답 ④
④는 '집단적인 사회적 행동을 통하여 해당 현상의 개선이 가능해야 한다.'로 수정해야 옳다.

5 답 ③
- 실업보험이 민간보험회사에 적절하지 않은 이유는 정보 비대칭으로 인한 역 선택이나 도덕적 해이 문제, 위험발생의 상호의존성 등과 같은 요인 때문이지, 불완전경쟁(소수 기업이 시장을 독점하는 상황) 때문은 아니다.
- 이 문제는 시장실패 요인 중에서도 실업이나 건강문제 등에 대한 국가 개입(특히 사회보험)이 필요한 이유에 해당하는 시장실패 요인을 묻고 있다. 불완전경쟁 역시 시장실패 요인 중 하나지만, 이 문제에서 묻고 있는 민간보험의 한계와는 관계가 없다.

옳은 지문 보충설명
① 실업보험 시장에서는 보험가입자(근로자)가 자신의 실직 위험을 보험회사보다 더 잘 알고 있는 정보 비대칭 문제로 시장실패가 발생할 수 있다.
② 정보 비대칭과 연결되는 개념으로, 실직 위험이 높은 사람들이 보험에 더 적극적으로 가입하려는 역 선택 문제가 발생하면 보험회사 입장에서 들어오는 보험료는 적고 나가야 할 급여비용만 많아져 운영이 어려워질 수 있다.
④ 실업은 개별적 위험이 아니라 경제상황과 밀접하게 연결된 사회적 위험이기 때문에 경제상황이 좋지 않아 대량 실업이 발생하면 실업보험의 손실이 커지고 보험회사가 감당하기 어려워질 수 있다.

6 답 ②

장기요양급여는 노인등의 심신상태·생활환경과 노인등 및 **그 가족의 욕구·선택을 종합적으로 고려**하여 필요한 범위 안에서 이를 적정하게 제공하여야 한다.

7 답 ②

생계급여 수급자에 대한 최저보장수준은 생계급여액과 수급자 가구의 소득인정액을 합한 수준이 생계급여 **선정기준 이상이 되도록** 한다.

8 답 ④

시·군·구에서의 직접지원에 해당하는 것은 생계지원, 의료지원, 주거지원, 교육지원, 사회복지시설 이용 등이다.

암기 생의주교사

「긴급복지지원법」 제9조(긴급지원의 종류 및 내용)

① 이 법에 따른 지원의 종류 및 내용은 다음과 같다.
1. 금전 또는 현물(現物) 등의 직접지원

생계지원	식료품비·의복비 등 생계유지에 필요한 비용 또는 현물 지원
의료지원	각종 검사 및 치료 등 의료서비스 지원
주거지원	임시거소(臨時居所) 제공 또는 이에 해당하는 비용 지원
사회복지시설 이용 지원	「사회복지사업법」에 따른 사회복지시설 입소(入所) 또는 이용 서비스 제공이나 이에 필요한 비용 지원
교육지원	초·중·고등학생의 수업료, 입학금, 학교운영지원비 및 학용품비 등 필요한 비용 지원
그 밖의 지원	연료비나 그 밖에 위기상황의 극복에 필요한 비용 또는 현물 지원

2. 민간기관·단체와의 연계 등의 지원
  가. 대한적십자사, 사회복지공동모금회 등의 사회복지기관·단체와의 연계 지원
  나. **상담·정보제공**, 그 밖의 지원

9 답 ②

절대적 빈곤의 산정방식에는 전물량 방식(라운트리 방식)과 반물량 방식(오샨스키 방식)이 있다.

10 답 ①

- 프로그램이나 정책의 개발, 분석, 평가 등은 미시 수준의 실천이 아니라 거시 수준의 실천에 해당한다.
- 개인이나 가족에 대한 상담, 치료, 훈련, 교육, 방문, 보호(돌봄) 등은 미시 수준의 사회복지실천에 해당한다.

11 답 ④

불가분성은 인권이 부분적으로 나누어질 수 없으며, 모든 인권이 서로 연결되어 동등하게 보호받아야 한다는 원칙을 의미한다. 즉, 시민적·정치적 권리(예 표현의 자유, 신체의 자유)와 경제적·사회적·문화적 권리(예 교육권, 노동권) 모두 중요하며, 하나의 권리만 보장하고 다른 권리를 무시해서는 안 된다는 것이다.

✗ 오답체크

① 보편성: 인권은 모든 인간이 태어나면서부터 가지며, 인종·성별·국적 등에 관계없이 동일하게 적용된다.
② 불가침성: 인권은 누구도 침해할 수 없는 본질적인 권리이며, 법이나 권력에 의해 함부로 제한될 수 없다.
③ 불가양성: 인권은 개인이 스스로 포기하거나 양도할 수 없는 권리이다.

12 답 ①

①은 자선조직협회에 해당하고, ②, ③, ④는 인보관 운동에 해당한다.

13 답 ②

문제에서 설명하는 내용은 '다양한 경로를 통해 같은 결과에 도달할 수 있다'는 의미로, 체계이론의 동귀결성(equifinality) 개념에 해당한다. 사회복지실천에서 이 개념은 다음과 같이 적용될 수 있다.

- 동일한 문제(예 우울증)라도 개인마다 원인은 다를 수 있다 (예 경제적 어려움, 가족 갈등, 신체 질환 등).
- 다양한 개입방법(예 상담, 약물치료, 사회적 지원 등)을 통해 문제를 해결할 수 있다.

14 답 ①

역량강화모델의 개입단계는 **대화단계-발견단계-발전단계** 순이다.

15 답 ④

「사회복지사업법」 제20조(임원의 보충): 이사 또는 감사 중에 결원이 생겼을 때에는 **2개월** 이내에 보충하여야 한다.

옳은 지문 보충설명

② 「사회복지사업법」 제2조(정의) 제3호: "사회복지법인"이란 사회복지사업을 할 목적으로 설립된 법인을 말한다.
③ 「사회복지사업법」 제1조의2(기본이념) 제2항: 사회복지법인 및 사회복지시설은 공공성을 가지며 사회복지사업을 시행하는 데 있어서 공공성을 확보하여야 한다.
④ 「사회복지사업법」 제16조(법인의 설립허가) 제1항: 사회복지법인을 설립하려는 자는 대통령령으로 정하는 바에 따라 시·도지사의 허가를 받아야 한다.

16 답 ④

- 일반적으로 사회복지정책은 파레토 효율보다는 수단으로

서의 효율을 추구한다.
- 파레토 효율(Pareto efficiency)란 자원의 배분을 변경하여 어떤 사람의 효용을 증가시키면서도 다른 사람의 효용을 감소시키지 않는 상태, 즉 사회 전체적으로 더 나은 배분이 가능하지 않은 상태를 의미한다.
- 수단으로서의 효율(수단적 효율, instrumental efficiency)은 주어진 목표(예 빈곤 감소, 교육 기회 확대)를 가장 효과적으로 달성하기 위해 비용 대비 효과가 높은 방법을 찾는 것이다. 예를 들어, 같은 예산으로 더 많은 수혜자를 지원하거나, 행정비용을 줄여 실질적인 복지 혜택을 극대화하는 것이 이에 해당한다.
- 사회복지정책은 욕구에 따른 재분배를 통해 불평등을 완화하고자 하지만, 그 과정에서 불필요한 낭비를 줄이고 효과적인 정책 설계를 추구해야 한다.

17 답 ③
욕구를 충족하기에 충분한 양과 질의 사회복지서비스를 제공하는 데 초점을 두는 원칙은 포괄성 원칙이 아니라 **적절성 원칙**이다.

18 답 ①
- 워렌(Warren)이 제시한 지역사회의 기능은 사회화, 사회통제, 사회통합, 상부상조, 생산·분배·소비의 다섯 가지이다.
- 주민들이 자율적으로 만든 규칙을 통해 지역 내 질서를 유지하고 불법행위에 대한 감시 역할을 하는 것은 **사회통제 기능**에 해당하는 사례이다.
- 사회화 기능의 예로는 가정이나 학교에서의 교육을 통해 어린이가 지역사회의 일원으로서 필요한 가치, 규범, 태도 등을 배우는 것을 들 수 있다.

19 답 ④
면접에서 구체적이고 명백한 사실에 대해 정보를 얻기 위해 주로 사용되는 질문 유형은 **폐쇄형 질문**이다. 개방형 질문은 클라이언트의 자유로운 의견과 감정을 탐색하기 위해 주로 사용되는 질문 유형이다.

20 답 ①
ㄱ. 소득은 가장 높은 측정수준인 비율수준의 변수이므로, 낮은 수준으로도 측정 가능하다. 따라서 비율수준으로 측정할 수도 있고 서열수준으로 측정할 수도 있다.
ㄹ. 측정과정에서 편향(bias)의 문제가 발생하면 측정에 체계적 오류를 유발하고, 이는 측정값의 타당도를 저해한다.

✗ 오답체크
ㄴ. 온도와 지능지수는 등간수준의 변수이다. 등간수준에는 **절대 0이 성립하지 않는다**.
ㄷ. 재검사법은 측정도구의 **신뢰도**를 평가하는 방법이다.

봉투모의고사 제6회 정답 및 해설

1	2	3	4	5	6	7	8	9	10	11	12	13	14	15	16	17	18	19	20
③	③	②	①	④	④	②	②	②	①	④	③	①	②	①	③	④	②	①	④

1 답 ③
① 「노인장기요양보험법」: 2007년 제정
② 「긴급복지지원법」: 2005년 제정
③ 「사회서비스 이용 및 이용권 관리에 관한 법률」: 2011년 제정
④ 「청소년복지 지원법」: 2004년 제정

2 답 ③
기존의 빈곤 개념은 주로 경제적 빈곤과 소득 부족에 초점을 맞추었기 때문에 소득 지원이 주요 대응 전략으로 활용되었다. 그러나 사회적 배제 개념은 다차원적인 불리함을 포괄적으로 접근하는 것이 중요하다. 이에 대응하기 위해서는 ❶ 취약계층의 정보, 자원, 서비스 접근성 확대, ❷ 사회적 상호작용과 참여 기회 증대, ❸ 사회 통합과 결속 강화 등의 전략이 필요하다.

3 답 ②
충성심과 역할 상충은 '의무 상충'과 같은 의미이다. 이 갈등 유형은, 사회복지사가 자신이 속한 기관에 대해 지켜야할 의무와 클라이언트에 대해 지켜야 할 의무 사이에서 겪게 되는 윤리적 갈등이다.

4 답 ①
직접 서비스 기관은 클라이언트에게 서비스를 직접 제공하는 기관이고, 간접 서비스 기관(행정기관)은 사회복지기관 및 단체, 인력을 지원하는 기관이다. 간접 서비스 기관에는 한국사회복지협의회, 한국사회복지사협회, 사회복지공동모금회 등이 있다.

✗ 오답체크
② 아동양육시설은 직접 서비스 기관이면서 **생활시설**이다.
③ 장애인보호작업장은 **이용시설**이다.
④ 자립지원시설은 「**아동복지법**」상 아동복지시설이다.

5 답 ④
통합적 접근이 등장한 배경은 **지나치게 전문화된 실천(전문주의 실천)**의 강조로 인한 한계를 극복하기 위해서이다.

6 답 ④
독일은 영국보다 질병보험(의료보험 혹은 건강보험), 산재보험, 노령연금을 먼저 도입하였다. 그러나 **실업보험은 영국이 독일보다 먼저 도입**하였다. 4대 사회보험 중 질병보험(1883), 산재보험(1884), 노령연금(1889)은 독일이 세계 최초로 도입하였으나, 실업보험은 영국에서 1911년에 세계 최초로 도입되었다.

7 답 ②
✗ 오답체크
① 사례관리는 사회복지서비스 제공의 **탈중앙화(혹은 지방분권화)** 과정에서 등장했다.
③ 클라이언트의 다양한 욕구를 포괄적으로 개입할 수 있는 **지역사회 중심의 지속적인 보호**를 강조한다.
④ 사례관리가 비용효율성을 강조하는 것은 맞지만, 단기적인 욕구를 가진 클라이언트에 초점을 두는 것은 아니다. 오히려 사례관리는 **장기적이고 만성적인 욕구를 가진 클라이언트**, 다양하고 복합적인 욕구를 가진 클라이언트에게 적합한 사회복지실천방법이다.

8 답 ②
- 장애인연금은 공공부조제도이다.
- 5대 사회보험(국민연금, 국민건강보험, 노인장기요양보험, 산업재해보상보험, 고용보험)과 특수직역연금(공무원연금, 군인연금, 사립학교교직원연금, 별정우체국직원연금)은 사회보험제도이다. 상병보상연금은 산업재해보상보험의 급여 유형이고, 실업급여는 고용보험의 급여 유형이다.

9 답 ②
✗ 오답체크
ㄱ. 시·군·구 단위에도, 읍·면·동 단위에도 지역사회보장협의체를 두도록 규정하고 있다.
ㄷ. 지역사회보장협의체 설치가 처음으로 법제화된 것은 2003년 「사회복지사업법」 개정에서였다(당시는 시·군·구 단위 협의체 설치 의무화). 그리고 읍·면·동 단위 협의체 설치는 읍·면·동 복지허브화가 추진된 2016년부터이다.

```
사회보장급여법 제41조(지역사회보장협의체)
① 시장·군수·구청장은 지역의 사회보장을 증진하고, 사회보장과 관련된 서비스를 제공하는 관계 기관·법인·단체·시설과 연계·협력을 강화하기 위하여 해당 시·군·구에 지역사회보장협의체를 둔다.
② 지역사회보장협의체는 다음 각 호의 업무를 심의·자문한다.
  1. 시·군·구의 지역사회보장계획 수립·시행 및 평가에 관한 사항
  2. 시·군·구의 지역사회보장조사 및 지역사회보장지표에 관한 사항
  3. 시·군·구의 사회보장급여 제공에 관한 사항
  4. 시·군·구의 사회보장 추진에 관한 사항
  5. 읍·면·동 단위 지역사회보장협의체의 구성 및 운영에 관한 사항
  6. 그 밖에 위원장이 필요하다고 인정하는 사항
⑦ 특별자치시장 및 시장·군수·구청장은 읍·면·동 단위로 읍·면·동의 사회보장 관련 업무의 원활한 수행을 위하여 해당 읍·면·동에 읍·면·동 단위 지역사회보장협의체를 둔다.
```

10 답 ①

노인맞춤돌봄서비스는 바우처 방식이 아니고 돌봄이 필요한 노인에게 안전지원, 사회참여, 생활교육, 일상생활분야의 다양한 서비스를 직접 제공하는 방식으로 시행되고 있다.

```
우리나라의 전자바우처 지원사업
❶ 산모·신생아 건강관리지원사업
❷ 지역사회서비스투자사업
❸ 가사간병방문지원사업
❹ 장애아동가족지원사업
❺ 발달장애인지원사업
❻ 국민건강보험제도의 임신·출산진료비 지원사업
❼ 청소년산모임신·출산의료비 지원사업
❽ 기저귀·조제분유 지원사업
❾ 아이돌봄지원사업
❿ 에너지바우처사업
⓫ 여성청소년생리용품 지원사업
⓬ 첫만남 이용권 지원사업
⓭ 전국민마음투자지원사업
⓮ 일상돌봄서비스사업
⓯ 긴급돌봄지원사업
⓰ 최중증발달장애인통합돌봄서비스
⓱ 장애인활동지원
⓲ 국민기초생활보장제도의 교육급여 등
```

11 답 ④

- 완전경쟁이 아니라 **불완전경쟁**(예 독점, 과점, 담합 등)이 시장실패 요인이다.
- 완전경쟁 시장에서는 생산자와 소비자가 자유롭게 거래하며 자원이 효율적으로 배분된다. 그러나 독점이나 과점처럼 경쟁이 제한되는 불완전경쟁 상황에서는 기업이 가격을 인위적으로 높이거나 생산량을 조절하여 자원의 최적 배분이 이루어지지 않는다.

12 답 ③

서비스 접근성, 융통성, 창의성, 신속성, 전문성 등은 민간부문 전달체계의 상대적 장점에 해당한다.

13 답 ①

클라이언트가 원하는 목표가 사회복지사의 가치나 권리에 맞지 않는다면 동의하지 않아야 한다.

14 답 ②

- 비에스텍(F. Biestek)이 제시한 사회복지실천 관계의 기본원칙은 개별화, 의도적 감정표현, 통제된 정서적 관여, 수용, 비심판적 태도, 자기결정, 비밀보장이다. 의도적 자기노출은 포함되지 않는다.
- 사회복지사가 원조 과정에 필요하다고 생각되는 자신의 경험이나 감정을 클라이언트에게 말하는 것을 자기노출 혹은 자기개방이라 한다. 따라서 ②의 설명 자체는 옳지만, 해당 내용이 비에스텍(F. Biestek)이 제시한 사회복지실천 관계의 기본원칙에 포함되지는 않기 때문에 이 문제에서는 ②를 옳지 않은 답으로 골라야 한다.

15 답 ①

제시된 사례에서 사회복지사는 단순히 클라이언트의 말을 되풀이하는 것이 아니라, 클라이언트가 미처 인식하지 못한 내면의(기저의) 동기(두려움, 방어적 태도)를 추론하여 제시하고 있는데, 이러한 사회복지실천기술은 해석(interpretation)이다.

16 답 ③

쓰레기통모형에서 정책결정의 네 가지 요소는 ① 의사결정의 참여자, ② 해결책, ③ 해결을 요하는 사회문제, ④ 선택(의사결정) 기회이다.

17 답 ④

피들러(Fiedler)의 리더십이론에서는 조직의 상황이 리더에게 매우 호의적이거나 매우 호의적이지 않을 경우 과업지향적인 리더십이 적합하고, 상황의 호의성이 중간 정도일 때는 관계지향적인 리더십이 적합하다고 본다.

✘ 오답체크

① 블레이크와 머튼(Blake & Mouton)의 관리격자이론은 **상황이론이 아니라 행동이론**이다. 따라서 리더십의 효과가 상황에 따라 다를 수 있다고 보는 이론이 아니다.
② 허시와 블랜차드(Hersey & Blanchard)의 리더십이론에서는 직원들이 직무수행 능력은 뛰어나지만 솔선수범하여 일하려는 의지가 매우 약한 경우 **참여형 리더십**이 적합하다고 본다. 제시형 리더십은 의지는 있지만 능력이 부족할 때 적합한 리더십 유형이다.

③ 학습을 통해 효과적인 리더십을 개발할 수 있다고 보는 리더십이론은 특성이론이 아니라 **행동이론**이다.

18 답 ②

- 조세는 사회보험료에 비해 징수에 대한 저항이 크다.
- 사회보험료는 조세보다 권리성이 강하고 보험료를 내면 자신에게 급여로 돌아온다는 반대급부가 특정화되어 있으므로 징수에 대한 저항이 조세보다 적다.

19 답 ①

「국민연금법」에 따른 급여의 종류는 노령연금, 장애연금, 유족연금, 반환일시금이다.

✗ 오답체크
② 상병보상연금은 산업재해보상보험의 급여 종류이다.
③ 장애인연금은 사회보험이 아니라 공공부조이다.
④ 기초연금은 사회보험이 아니라 공공부조이다.

20 답 ④

ㄱ. 위기상황에 처한 사람에게 일시적으로 신속하게 지원한다.

「긴급복지지원법」 제1조(목적)

이 법은 생계곤란 등의 위기상황에 처하여 도움이 필요한 사람을 신속하게 지원함으로써 이들이 위기상황에서 벗어나 건강하고 인간다운 생활을 하게 함을 목적으로 한다.

「긴급복지지원법」 제3조(기본원칙)

① 이 법에 따른 지원은 **위기상황에 처한 사람에게 일시적으로 신속하게 지원**하는 것을 기본원칙으로 한다.

ㄴ. 「국민기초생활 보장법」에 따라 생계급여를 받고 있는 경우에는 긴급복지지원제도의 생계지원을 하지 않는다.

「긴급복지지원법」 제3조(기본원칙)

② 「재해구호법」, **「국민기초생활 보장법」**, 「의료급여법」, 「사회복지사업법」, 「가정폭력방지 및 피해자보호 등에 관한 법률」, 「성폭력방지 및 피해자보호 등에 관한 법률」 **등 다른 법률에 따라 이 법에 따른 지원 내용과 동일한 내용의 구호·보호 또는 지원을 받고 있는 경우에는 이 법에 따른 지원을 하지 아니한다.**

ㄷ. 주소득자의 사망으로 소득을 상실하여 생계유지가 어렵게 된 경우 지원대상이 될 수 있다.

「긴급복지지원법」 제2조(정의)

이 법에서 "위기상황"이란 본인 또는 본인과 생계 및 주거를 같이 하고 있는 가구구성원이 다음 각 호의 어느 하나에 해당하는 사유로 인하여 생계유지 등이 어렵게 된 것을 말한다.
1. **주소득자(主所得者)가 사망**, 가출, 행방불명, 구금시설에 수용되는 등의 사유로 소득을 상실한 경우
2. 중한 질병 또는 부상을 당한 경우
3. 가구구성원으로부터 방임(放任) 또는 유기(遺棄)되거나 학대 등을 당한 경우
4. 가정폭력을 당하여 가구구성원과 함께 원만한 가정생활을 하기 곤란하거나 가구구성원으로부터 성폭력을 당한 경우
5. 화재 또는 자연재해 등으로 인하여 거주하는 주택 또는 건물에서 생활하기 곤란하게 된 경우
6. 주소득자 또는 부소득자(副所得者)의 휴업, 폐업 또는 사업장의 화재 등으로 인하여 실질적인 영업이 곤란하게 된 경우
7. 주소득자 또는 부소득자의 실직으로 소득을 상실한 경우
8. 보건복지부령으로 정하는 기준에 따라 지방자치단체의 조례로 정한 사유가 발생한 경우
9. 그 밖에 보건복지부장관이 정하여 고시하는 사유가 발생한 경우

ㄹ. 생계지원은 기본 지원기간과 연장 기간을 합하여 총 6개월을 초과할 수 없다.

제10조(긴급지원의 기간 등)

① 생계지원은 3개월간, 같은 호 주거지원, 사회복지시설 이용 지원, 그 밖의 지원은 1개월간의 생계유지 등에 필요한 지원으로 한다. 다만, 주거지원, 사회복지시설 이용 지원, 그 밖의 지원은 시장·군수·구청장이 긴급지원대상자의 위기상황이 계속된다고 판단하는 경우에는 1개월씩 두 번의 범위에서 기간을 연장할 수 있다.
② 의료지원은 위기상황의 원인이 되는 질병 또는 부상을 검사·치료하기 위한 범위에서 한 번 실시하며, 교육지원도 한 번 실시한다.
③ 시장·군수·구청장은 제1항 및 제2항에 따른 지원에도 불구하고 위기상황이 계속되는 경우에는 긴급지원심의위원회의 심의를 거쳐 지원을 연장할 수 있다. 이 경우 **생계지원**, 사회복지시설 이용 지원, 그 밖의 지원은 제1항에 따른 지원기간을 합하여 **총 6개월을 초과하여서는 아니 되고**, 주거지원은 제1항에 따른 지원기간을 합하여 총 12개월을 초과하여서는 아니 되며, 의료지원은 제2항에 따른 지원횟수를 합하여 총 두 번, 교육지원은 제2항에 따른 지원횟수를 합하여 총 네 번을 초과하여서는 아니 된다.

봉투모의고사 **제7회** 정답 및 해설

1	2	3	4	5	6	7	8	9	10	11	12	13	14	15	16	17	18	19	20
③	④	③	②	④	③	④	②	①	③	①	②	①	④	②	①	③	④	③	②

1 답 ③
- 국민연금과 같은 사회보험의 주된 재원은 보험료 재정이다.
- 아동수당이나 부모급여 같은 사회수당의 주된 재원은 정부의 일반예산이다.
- 장애인연금, 기초연금, 국민기초생활보장, 긴급복지지원, 의료급여 등과 같은 공공부조의 주된 재원도 사회수당과 마찬가지로 정부의 일반예산이다.

2 답 ④
"장기요양기관"이란 제31조(필요한 시설 및 인력을 갖추어 소재지를 관할 구역으로 하는 특별자치시장·특별자치도지사·시장·군수·구청장으로부터 지정을 받아야 함)에 따른 지정을 받은 기관으로서 장기요양급여를 제공하는 기관을 말한다. 장기요양기관으로 지정을 받을 수 있는 시설은 노인복지시설 중 재가노인복지시설과 노인의료복지시설이다.

3 답 ③
로렌츠곡선의 45° 대각선에 해당하는 사회는 사회구성원이 모두 동일한 소득을 갖는 완벽한 평등상태를 말하며 이때의 **지니계수는 0이다.**

4 답 ②
- ①과 ③은 병리적 관점의 특징에 해당한다.
- 강점관점에 기반을 둔 대표적인 실천모델은 해결중심모델과 임파워먼트(역량강화, 권한부여)모델이다. 구체적인 표적문제의 해결에 초점을 두는 과제중심모델이나 인지의 오류 및 비합리적인 신념의 변화에 초점을 두는 인지행동모델은 문제를 완화하는 데 초점을 두기 때문에 강점관점에 기반을 둔 실천모델이라고 할 수 없다.

5 답 ④
- 전문가체계(전문체계)에는 전문가를 육성하는 교육체계, 전문가단체(예 사회복지사협회), 사회복지시설협회(예 노인복지시설협회, 사회복지관협회), 사회복지전문직의 가치, 사회복지사 윤리강령 등이 포함된다.
- 일반적인 사회복지기관이나 소속 사회복지사는 클라이언트로부터 도움 요청을 받고 클라이언트의 문제해결을 원조하는 변화매개체계인 경우가 많다.

6 답 ③
- 신우파(반집합주의) 이념은 국가의 역할을 축소하고, 개인의 자유와 시장의 자율성을 강조하는 반면, 평등에 대한 개입은 최소화해야 한다는 입장을 취한다.
- **신우파 이념의 중심 가치는 자유(소극적 자유), 개인주의, 불평등이며, 이 중에서도 특히 가장 중시하는 가치는 자유**이다. 신우파는 불평등이 경제성장에 기여할 수 있다고 보기 때문에 불평등을 완화하려는 복지국가에 반대한다.

✘ 오답체크
① 제3의 길은 사회민주주의와 신자유주의의 장점을 절충하여 새로운 정책 방향을 모색한 이념으로, 사회민주주의와 신자유주의를 전면 부정하는 것이 아니라, 두 이념을 조화롭게 조정하는 것을 목표로 한다.
② 티트무스(Titmuss)는 복지국가 모형을 잔여적 모형(잔여주의), 산업성취수행 모형, 제도적 재분배 모형(제도주의)의 세 가지로 구분했다. 이 중 국가의 복지 제공의 정도가 개인의 시장 기여도에 따라 달라야 한다고 인식하는 모형은 **산업성취수행 모형**이다. 이와 달리 제도적 재분배 모형은 국가의 복지 제공이 시장경제 기제 밖에서 시장에서의 지위와 관계없이 보편적으로 제공되어야 한다고 본다.
④ 사회복지정책이 시장경제의 효율성을 저해한다고 보아 반대하는 이념은 신우파, 반집합주의, 신자유주의 이념이다. 케인즈주의는 시장이 항상 효율적으로 작동하는 것은 아니기 때문에 국가가 시장에 개입하여 경제를 안정시키고 실업을 줄일 필요가 있다고 주장한다. 즉, 국가의 사회복지정책이 시장경제를 저해한다고 보기보다는, 오히려 보완적인 역할을 할 수 있다고 본다.

7 답 ④
✘ 오답체크
① 보험료를 납부한 사회보험 가입자에게 급여를 제공하는 것은 **보상**에 의한 할당 원리를 따른다.
② 연령이나 성별 등 개인이 속한 집단에 근거하여 급여를

제공하는 것은 **귀속적 욕구**에 의한 할당 원리를 따른다.
③ 장애인이나 정신질환자에 대한 복지서비스 제공은 **진단적 구분**에 의한 할당 원리를 따른다.

사회적 할당의 원리(길버트 & 테렐)

	보편주의		선별주의	
	귀속적 욕구	보상	진단적 구분	자산조사
욕구 판단 기준	욕구에 대한 규범적 기준	형평에 대한 규범적 기준	욕구에 대한 기술적·진단적 기준	욕구에 대한 경제적 기준
할당	집단지향적(범주적) 할당		개인별 할당	
예	기본소득, 사회수당	사회보험, 적극적 조치	장애아동 지원	공공부조

8 답 ②
국민기초생활보장제도의 급여 종류 중 **교육급여의 소관 부처는 교육부이고, 주거급여의 소관 부처는 국토교통부**이다. 나머지 급여의 소관 부처는 보건복지부이다.

9 답 ①
델파이기법은 전문가를 대상으로 우편설문을 반복하여 합의를 도출하는 방법이다.

✗ 오답체크
② 델파이기법에서 조사에 참여하는 전문가들은 **누가 조사에 참여하는지 모르며**, 한 자리에 모여 상호작용하지도 않는다.
③ 소수의 사람들이 함께 모여 원활한 토의와 상호작용 속에서 결과를 도출하는 조사방법은 **초점집단인터뷰(FGI, focus group interview)**이다.
④ 경험적 자료에 기초해 귀납적으로 이론을 개발하는 질적 조사방법은 **근거이론(grounded theory)**이다.

10 답 ③
- 사례관리(case management)는 1970년대 후반부터 1980년대 초반에 등장했으며, 이 시기는 복지에 대한 국가 책임을 강조한 시기가 아니라 신우파 정권에서 국가 복지를 축소했던 시기이다.
- 사례관리가 등장한 배경은 복지에 대한 국가 책임의 강조가 아니라 사회복지서비스에 대한 탈중앙화와 지방분권화였다고 볼 수 있다.

11 답 ①
- 직접실천은 문제해결을 위해 클라이언트와 직접 상호작용을 하며 클라이언트를 변화시키는 실천이고, 간접실천은 클라이언트의 환경을 변화시킴으로써 간접적으로 클라이언트의 문제해결을 지원하는 실천이다.
- ①과 ②는 직접실천이고, ③과 ④는 간접실천이다.

12 답 ②
- 순환질문은 전략적 가족치료모델의 질문기법이다.
- 해결중심모델의 질문기법에는 면담 전 변화질문, 예외질문, 기적질문, 대처질문, 척도질문, 관계성질문 등이 있다.

13 답 ①
- 논리모형(logic model)은 프로그램의 구성 요소를 투입(input) → 활동(activity) → 산출(output) → 성과(outcome)의 단계로 분석하는 모형이다.

투입(input)	프로그램 운영을 위해 사용된 자원(예 인력, 예산, 시설, 장비)
활동(activity)	투입된 자원을 활용하여 수행하는 구체적인 서비스(예 방문 돌봄, 건강 체크, 말벗 서비스 제공)
산출(output)	활동의 직접적인 결과로서 서비스 제공량이나 참여 건수 등 가시적인 수치(예 몇 명이 서비스를 이용했는지, 몇 건의 서비스가 제공되었는지)
성과(outcome)	프로그램이 참여자에게 가져온 변화(예 사회적 고립 감소, 건강 개선, 정서적 안정 증가)

- 제시된 내용(월 평균 서비스 이용자 수, 서비스 제공 횟수, 의료 연계 건수, 참여율 등)은 프로그램 활동의 직접적인 결과(산출)를 나타내는 지표이므로, 산출(output)에 해당한다.

14 답 ④
정신재활시설은 국가와 지방자치단체 외의 자가 시장·군수·구청장에 신고하고 설치·운영할 수 있지만, 정신요양시설은 국가와 지방자치단체 외에는 **사회복지법인이나 비영리법인에 한정하여 시장·군수·구청장의 허가**를 받아 설치·운영할 수 있다.

> 「정신건강증진 및 정신질환자 복지서비스 지원에 관한 법률」
>
> 제22조(정신요양시설의 설치·운영)
> ① 국가와 지방자치단체는 정신요양시설을 설치·운영할 수 있다.
> ② 사회복지법인과 그 밖의 비영리법인이 정신요양시설을 설치·운영하려는 경우에는 해당 정신요양시설 소재지 관할 특별자치시장·특별자치도지사·시장·군수·구청장의 허가를 받아야 한다.
>
> 제26조(정신재활시설의 설치·운영)
> ① 국가 또는 지방자치단체는 정신재활시설을 설치·운영할 수 있다.
> ② 국가나 지방자치단체 외의 자가 정신재활시설을 설치·운영하려면 해당 정신재활시설 소재지 관할 특별자치시장·특별자치도지사·시장·군수·구청장에게 신고하여야 한다. 신고한 사항 중 보건복지부령으로 정하는 중요한 사항을 변경할 때에도 신고하여야 한다.

15 답 ②
퇴행(regression)은 스트레스나 불안을 겪을 때 이전의 발달 단계로 돌아가는 방어기제이다. 스트레스나 불안이 심할 때 어린 아이처럼 행동하는 경우가 가장 대표적이다.

16 답 ①

- 클라이언트가 필요한 자원을 찾아 활용함으로써 자신의 문제를 해결해갈 수 있도록 돕는 역할은 조성자(조력자, enabler) 역할이다.
- 산발적으로 제공되고 있는 지역 내 서비스들을 조직적으로 정리하기 위해 서비스 제공기관의 실무자들과 협의하는 역할은 조정자(coordinator) 역할이다.
- 부당하게 해고당한 장애인의 편에서 장애인의 정당한 권리를 대변하여 부당해고가 철회될 수 있도록 힘쓰는 역할은 옹호자(advocate) 역할이다.

17 답 ③

이 사례에서 사용된 기법은 행동조성(shaping)이다. 행동조성은 목표 행동을 작은 단계로 나누어 점진적으로 강화하는 기법이다. 아동 A는 처음에는 숙제를 시작하는 것만으로 칭찬과 보상을 받았고, 이후에는 점차적으로 집중 시간을 늘려가며, 최종적으로 숙제를 끝낼 수 있도록 지원을 받았다. 이 과정은 아동이 목표 행동인 '숙제 끝내기'를 달성할 수 있도록 점진적으로 도와주는 행동수정기법으로, 행동조성에 해당한다.

✗ 오답체크

① 모델링은 원하는 행동을 클라이언트가 직접 수행하기 전에, 사회복지사나 다른 사람이 먼저 그 행동을 보여주어 클라이언트가 그것을 따라하도록 돕는 기법이다.
② 체계적 둔감화는 주로 불안이나 공포를 감소시키기 위해 사용되는 기법으로, 불안이나 공포를 일으키는 자극을 점진적으로 노출시키면서 이와 관련된 반응을 감소시키는 방법이다. 이 사례는 숙제에 대한 집중을 개선하는 것이므로, 체계적 둔감화와는 관련이 없다.
④ 타임아웃은 부정적인 행동에 대해 잠시 그 행동을 중단시키는 기법이다. 타임아웃 방법은 일반적으로 아동의 부적절한 행동을 수정하기 위해 사용되며, 주어진 상황에서 아동이 긍정적인 행동을 할 때 보상하고 강화하는 방식은 아니다.

18 답 ④

"아동학대"란 **보호자를 포함한** 성인이 아동의 건강 또는 복지를 해치거나 정상적 발달을 저해할 수 있는 신체적·정신적·성적 폭력이나 가혹행위를 하는 **것과 아동의 보호자가 아동을 유기하거나 방임하는 것**을 말한다.

19 답 ③

복지모델에서는 장애인을 일반인들이 충분히 행하는 일상생활을 수행할 수 없게 만드는 신체적 혹은 정신적 손상을 가진 사람으로 바라보며, 의료적 재활을 포함한 적절한 재활서비스를 제공하는 데 초점을 둔다. 이와 달리 시민권모델에서는 사회적 차별을 없애고 시민권을 보장하는 데 초점을 둔다.

20 답 ②

- 시·군·구 지역사회보장계획의 심의는 읍·면·동 단위 지역사회보장협의체가 아니라 시·군·구 지역사회보장협의체에서 한다.
- 시장·군수·구청장은 해당 시·군·구의 지역사회보장계획을 지역주민 등 이해관계인의 의견을 들은 후 수립하고, **지역사회보장협의체**의 심의와 해당 시·군·구 의회의 보고를 거쳐 시·도지사에게 제출하여야 한다.

봉투모의고사 제8회 정답 및 해설

1	2	3	4	5	6	7	8	9	10	11	12	13	14	15	16	17	18	19	20
④	②	②	③	①	①	②	①	③	②	②	④	②	④	④	③	④	③	④	①

1 답 ④
납속보관지제(納粟補官之制)는 고려 시대의 구휼 재원 마련 제도로, 곡식을 바친 사람에게 관직(벼슬)을 주는 방식으로 운영되었다. 이를 통해 기근과 흉년 시 백성을 구제할 곡식을 확보하고, 이를 활용하여 구휼 사업을 시행하였다.

✗ 오답체크
① 재면지제(災免之制)는 고려에서 시행된 세금 감면 제도로, 재해가 발생한 지역의 조세를 면제해 주는 정책이다.
② 공명첩(空名帖)은 조선 후기에 재정 확보를 위해 이름을 비워둔 관직 임명장(공명첩)을 판매한 제도로, 구휼 목적이 아니라 국가 재정을 채우기 위한 수단이었다.
③ 원납제(願納制)는 조선 후기 흥선대원군이 경복궁 중건 비용을 마련하기 위해 강제적으로 돈을 걷었던 제도로, 고려 시대의 구휼 정책과 관련이 없다.

2 답 ②
로웬버그와 돌고프(Rowenberg & Dolgoff)의 윤리원칙 심사표에서 자율과 자유의 원칙은 3순위, 최소해악의 원칙은 4순위, 삶의 질의 원칙은 5순위, (사생활 보호와) 비밀보장의 원칙은 6순위에 해당한다. 따라서 자율과 자유의 원칙이 가장 우선된다.

3 답 ②
동시타당도(concurrent validity)는 특정 측정도구의 결과가 이미 타당성이 검증된 다른 도구나 기준과 얼마나 일치하는지를 통해 타당성을 평가하는 방식이다. 즉, 검증하려는 척도의 측정값이 기존의 타당한 척도와 높은 상관을 보이면(일치도가 높으면), 해당 척도 역시 타당하다고 판단한다.

4 답 ③
사회보험보다 공공부조의, 보편적 복지보다 선별적 복지의 소득재분배 효과가 더 크다.

✗ 오답체크
① 사회보험은 국가 책임으로, 공공부조는 국가와 지방자치단체의 책임으로 실시한다.
② 우리나라의 장애인연금은 공공부조이고, 장애연금(국민연금의 급여 유형 중 하나)은 사회보험이다.
④ 공공부조는 사회보험에 비해 근로동기를 약화시킨다는 단점이 있다.

5 답 ①
기초연금은 65세 이상이라는 인구학적 기준과 소득인정액이 선정기준 이하여야 한다는 자산조사 기준을 동시에 적용하여 지급 여부를 결정한다.

✗ 오답체크
② 국민기초생활보장제도는 자산조사 기준을 고려한다. 단, 급여 종류 중 의료급여의 경우 추가로 부양의무자 기준을 고려한다. 인구학적 기준은 고려되지 않는다.
③ 장애인연금은 자산조사(소득인정액이 선정기준 이하)와 진단적 구분(중증장애), 그리고 인구학적 조건(연령이 18세 이상)을 기준으로 한다.
④ 노인장기요양보험은 공공부조가 아니라 사회보험이므로 수급자격 기준에 자산조사는 포함되지 않는다.

6 답 ①
괄호에 들어갈 숫자는 다음과 같으며, 숫자가 가장 큰 것은 ①이다.
① 사회복지법인은 대표이사를 포함한 이사 (7)명 이상과 감사 2명 이상을 두어야 한다.
② 이사의 임기는 (3)년으로 하고 감사의 임기는 2년으로 하며, 각각 연임할 수 있다.
③ 이사회의 구성에 있어서 대통령령으로 정하는 특별한 관계에 있는 사람이 이사 현원(現員)의 (5)분의 1을 초과할 수 없다.
④ 이사 또는 감사 중에 결원이 생겼을 때에는 (2)개월 이내에 보충하여야 한다.

7 답 ②
• 「사회보장기본법」 제3조(정의) 제1회: "사회보장"이란 **출산**, **양육**, 실업, 노령, 장애, 질병, 빈곤 및 **사망** 등의 사회적 위험으로부터 모든 국민을 보호하고 국민 삶의 질을 향상시키는 데 필요한 소득·서비스를 보장하는 사회보험, 공

공부조, 사회서비스를 말한다.
- 고립은 「사회보장기본법」에서 규정하고 있는 사회적 위험에 해당하지 않는다.

8 답 ①

토오니(R. H. Tawney)는 조지와 윌딩(V. George & P. Wilding)이 제시한 사회복지의 이념 중 페이비언 사회주의(사회민주주의, 페이비언주의 혹은 민주적 사회주의라고도 함)의 대표적인 이론가 중 한 사람이다. 페이비언 사회주의는 사회복지 및 복지국가에 대해 가장 지지적인 이념으로 토오니, 크로스랜드, 마셜, 티트머스 등이 대표적인 인물이다.

✘ 오답체크

② 노직(R. Nozick)은 존 롤스의 정의론(분배의 정의를 논하면서 사회에서 가장 어려운 처지에 놓인 사람들을 국가가 지원해야 한다고 주장)을 비판한 정치철학자이다. 그는 자원의 분배는 개인의 자유이 따라 이루어져야 하며, 국가 개입은 최소화되어야 한다는 최소국가론을 주장했다. 이러한 그의 입장은 **복지국가의 재분배 정책을 반대**하는 신자유주의 이념과 맥락을 같이한다.

③ 밀리반드(R. Miliband)는 마르크스주의 이념의 대표적인 인물로, 복지국가는 자본주의체제를 강화하는 수단일 뿐이라고 보면서 **복지국가에 강력히 반대**한다.

④ 하이에크(F. A. Hayek)는 신우파(혹은 신자유주의) 이념의 대표적인 인물로, **복지국가를 자유로운 시장 활동의 걸림돌로 간주하며 강하게 반대**한다.

9 답 ③

사회투자국가는 빈곤의 감소보다 **사회적 배제의 감소를 더 강조**한다.

10 답 ②

- 계층화 정도가 큰 순서: 자유주의 복지국가 > 조합주의(보수주의) 복지국가 > 사회민주주의 복지국가
- 탈상품화 정도가 른 순서: 사회민주주의 복지국가 > 조합주의(보수주의) 복지국가 > 자유주의 복지국가

11 답 ②

장기요양보험사업은 **보건복지부장관이 관장**한다.

> 「노인장기요양보험법」 제7조(장기요양보험)
> ① **장기요양보험사업은 보건복지부장관이 관장**한다.
> ② 장기요양보험사업의 보험자는 국민건강보험공단으로 한다.
> ③ 장기요양보험의 가입자(이하 "장기요양보험가입자"라 한다)는 「국민건강보험법」에 따른 가입자로 한다.
> ④ 국민건강보험공단은 제3항에도 불구하고 「외국인근로자의 고용 등에 관한 법률」에 따른 외국인근로자 등 대통령령으로 정하는 외국인이 신청하는 경우 보건복지부령으로 정하는 바에 따라 장기요양보험가입자에서 제외할 수 있다.

옳은 지문 보충설명

④ 장기요양인정을 신청하려면 다음 두 가지 조건을 충족해야 한다. 파킨슨병은 '대통령령으로 정하는 노인성 질병'에 포함된다.

> ❶ 65세 이상의 노인 또는 65세 미만의 자로서 치매·뇌혈관성질환 등 대통령령으로 정하는 노인성 질병을 가진 자
> ❷ 장기요양보험가입자 또는 그 피부양자이거나 의료급여 수급권자

12 답 ④

초·중·고 무상급식 지원은 소득과 관계없이 재학생 모두에게 동일하게 제공되는 보편적 복지제도이다.

13 답 ②

ㄴ. 국민기초생활보장제도는 생계급여, 의료급여, 주거급여, 교육급여, 해산급여, 장제급여, 자활급여 등의 급여로 구성된다.
ㄷ. 2015년 7월부터 수급자 선정을 위해 기준 중위소득을 기준으로 사용하고 있다.

✘ 오답체크

ㄱ. 국민기초생활보장제도는 근로 능력이 있더라도 자활사업 참여를 조건으로 생계급여를 수급 받을 수 있다.
ㄹ. 의료급여의 경우 아직 부양의무자 기준이 존재하지만, 생계급여, 교육급여, 주거급여는 부양의무자 기준이 폐지되었다(단, 생계급여는 일부 예외 있음).

14 답 ④

「장애인복지법」상 장애인학대 및 장애인 대상 성범죄 신고의무자는 다음과 같다.

> 「장애인복지법」
> 제59조의4(장애인학대 및 장애인 대상 성범죄 신고의무와 절차)
> ② 다음 각 호의 어느 하나에 해당하는 사람은 그 직무상 장애인학대 및 장애인 대상 성범죄를 알게 된 경우에는 지체 없이 장애인권익옹호기관 또는 수사기관에 신고하여야 한다.
> 1. 사회복지전담공무원 및 사회복지시설의 장과 그 종사자(사회복지시설에서 복무하는 사회복무요원을 포함한다)
> 2. 장애인 서비스 지원 종합조사를 하는 자와 「장애인활동 지원에 관한 법률」에 따른 **활동지원인력** 및 활동지원기관의 장과 그 종사자
> 3. 의료인 및 의료기관의 장
> 4. 의료기사(**임상병리사**, 방사선사, 물리치료사, 작업치료사, 치과기공사 및 **치과위생사**)
> 5. 응급구조사
> 6. 119구급대의 대원

7. 정신건강복지센터, 정신의료기관, 정신요양시설 및 정신재활시설의 장과 그 종사자
8. 어린이집의 원장 등 보육교직원
9. 유치원 교직원 및 강사 등
10. **초·중·고 학교의 장과 그 종사자**
11. 학원의 운영자·강사·직원 및 교습소의 교습자·직원
12. 성폭력피해상담소, 성폭력피해자보호시설 및 성폭력피해자통합지원센터의 장과 그 종사자
13. 성매매피해자 지원시설의 장과 그 종사자 및 성매매피해상담소의 장과 그 종사자
14. 가정폭력 관련 상담소의 장과 그 종사자 및 가정폭력피해자 보호시설의 장과 그 종사자
15. 건강가정지원센터의 장과 그 종사자
16. 다문화가족지원센터의 장과 그 종사자
17. 아동권리보장원 및 가정위탁지원센터의 장과 그 종사자
18. **한부모가족복지시설의 장과 그 종사자**
19. 청소년시설(청소년활동시설, 청소년복지시설)의 장과 그 종사자 및 청소년단체의 장과 그 종사자
20. 청소년 보호·재활센터의 장과 그 종사자
21. 「노인장기요양보험법」의 장기요양요원 및 장기요양인정 신청의 조사를 하는 자
22. 장애인평생교육시설의 장과 그 종사자

15 답 ④

현재 한국 사회복지사 윤리강령은 전문, 목적, 가치와 원칙, 윤리기준으로 구성되어 있다. 한편, '윤리위원회 구성과 운영'은 2023년 4월 윤리강령 개정 전까지 포함되었으나, 개정 과정에서 삭제되어 현재 윤리강령에는 포함되지 않는다.

16 답 ③

ㄱ. 사회복지통합관리망(행복e음) 구축은 **2010년**에 해당한다.
ㄴ. 읍·면·동 복지허브화 실시는 **2016년**에 해당한다.
ㄷ. 읍·면·동 단위에 사회복지전문요원을 배치하여 공공복지의 토대를 마련한 시기는 **1987년**에 해당한다.
ㄹ. 시·군·구 희망복지지원단 설치는 **2012년**에 해당한다.

17 답 ④

사회복지(social welfare)의 방법은 정책과 제도이고, 사회사업(social work)의 방법은 전문 지식과 기술이다.

18 답 ③

프로그램평가검토기법(PERT)은 간트차트(Gantt chart)의 단점인 활동 간 연결성 파악의 어려움을 보완하기 위해 개발되었다. 따라서 간트차트와 달리 활동 간의 연계성을 명확히 분석하는 데 유용하다. 이 기법은 최종 목표 또는 궁극적 목적에서 출발하여 관련된 주요 과업과 활동을 역방향으로 연결하고, 각 과업 및 활동의 소요 시간을 추정하여 기록하는 방식으로 진행된다.

19 답 ④

부모교육을 통해 부모의 양육기술 증진을 돕는 아동복지서비스는 카두신(Kadushin)이 구분한 아동복지서비스 유형 중 **지지적 서비스**에 해당한다. 보충적 서비스는 소득 지원이나 돌봄 지원 등과 같이 부모 역할 중 일부 공백을 보충해주는 서비스를 말한다.

20 답 ①

ㄱ과 ㄴ은 제도적 복지의 특징에 해당하고, ㄷ과 ㄹ은 잔여적 복지의 특징에 해당한다.

봉투모의고사 제9회 정답 및 해설

1	2	3	4	5	6	7	8	9	10	11	12	13	14	15	16	17	18	19	20
③	②	④	③	②	④	①	②	④	③	②	②	④	①	④	③	④	①	③	①

1 답 ③
공공부조는 보충성(보충급여) 원칙을 따르기 때문에 선정기준과 소득인정액의 차이를 급여로 보충해주게 된다. 따라서 소득이 낮으면 상대적으로 급여수준이 높고, 소득이 높을수록 급여수준이 낮다.

2 답 ②
시·도가 아니라 **시·군·구**가 아동통합서비스지원기관을 설치·운영한다.

3 답 ④
최저생활 보장과 자립 지원을 목적으로 하는 사회보장제도는 사회서비스가 아니라 공공부조이다. 사회서비스는 인간다운 생활의 보장과 삶의 질 향상의 지원에 있다.

> **「사회보장기본법」상 공공부조의 정의**
> "공공부조"란 국가와 지방자치단체의 책임 하에 생활 유지 능력이 없거나 생활이 어려운 국민의 최저생활을 보장하고 자립을 지원하는 제도를 말한다.
>
> **「사회보장기본법」상 사회서비스의 정의**
> "사회서비스"란 국가·지방자치단체 및 민간부문의 도움이 필요한 모든 국민에게 복지, 보건의료, 교육, 고용, 주거, 문화, 환경 등의 분야에서 **인간다운 생활을 보장하고** 상담, 재활, 돌봄, 정보의 제공, 관련 시설의 이용, 역량 개발, 사회참여 지원 등을 통하여 국민의 **삶의 질이 향상되도록** 지원하는 제도를 말한다.

4 답 ③
✗ 오답체크
ㄷ. 정책결정 과정에서 정책결정자의 합리성뿐만 아니라 초합리성도 강조하는 모형은 혼합모형이 아니라 **최적모형**이다. **혼합모형은 합리모형과 점증모형의 절충**적 성격을 갖는 모형으로 기본적인 정책결정은 합리적으로, 세부적인 사안들은 점증적으로 결정하는 방식이다.

5 답 ②
ㄴ. 타운젠드(Townsend)는 상대적 빈곤 개념을 제시한 대표적 학자로, 빈곤은 최저생계비라는 절대적 기준이 아니라 상대적인 박탈 개념에 따라서 정의될 수 있다고 보았다. 타운젠트 방식에서는 사회의 다른 사람들에 비해 상대적 박탈감을 크게 느끼기 시작하는 지점의 소득을 빈곤선으로 간주한다.

ㄷ. 중위소득이나 평균소득 기준을 활용하는 방식은 상대적 빈곤 측정 방식이다.

✗ 오답체크
ㄱ. 라운트리(Rowntree) 방식은 **절대적 빈곤**(최저생계비)을 측정하는 방식으로 전물량방식이다.
ㄹ. 라이텐(Leyden) 방식은 **주관적 빈곤**을 측정하는 방식이다.

6 답 ④
우리나라의 사회복지사 윤리강령은 1980년대 초(1982년)에 한국사회복지사협회에서 제정하였다.

7 답 ①
인보관 운동은 사회개혁을 추구했고, 집단사회복지실천, 주민 참여 기반의 지역사회복지, 빈민에 대한 역량강화 실천의 발전에 기여했다.

✗ 오답체크
ㄷ. 중복 구제를 방지하기 위해 자선기관들의 활동을 통합·조정한 것은 자선조직협회이다.
ㄹ. 빈민을 구제가치가 있는 빈민과 구제가치가 없는 빈민으로 구별하고 구제가치가 있다고 판단되는 빈민만을 원조한 것은 자선조직협회이다.

8 답 ②
사례관리자는 클라이언트의 욕구에 따라 서비스의 직접 제공자 역할을 할 수도 있고 간접 제공자 역할을 할 수도 있다.

9 답 ④

> **「사회복지사업법」제34조의5(사회복지관의 설치 등) 제2항**
> 사회복지관은 **모든 지역주민을 대상으로 사회복지서비스를 실시**하되, 다음 각 호의 지역주민에게 우선 제공하여야 한다.
> 1. 「국민기초생활 보장법」에 따른 수급자 및 차상위계층
> 2. 장애인, 노인, 한부모가족 및 다문화가족
> 3. 직업 및 취업 알선이 필요한 사람
> 4. 보호와 교육이 필요한 유아·아동 및 청소년
> 5. 그 밖에 사회복지관의 사회복지서비스를 우선 제공할 필요가 있다고 인정되는 사람

옳은 지문 보충설명

① 「사회복지사업법」 제2조(정의) 제1호: "사회복지사업"이란 다음 각 목의 법률(31개 법률)에 따른 보호·선도(善導) 또는 복지에 관한 사업과 사회복지상담, 직업지원, 무료 숙박, 지역사회복지, 의료복지, 재가복지(在家福祉), **사회복지관 운영**, 정신질환자 및 한센병력자의 사회복귀에 관한 사업 등 각종 복지사업과 이와 관련된 자원봉사활동 및 복지시설의 운영 또는 지원을 목적으로 하는 사업을 말한다.

② 「사회복지사업법」 제2조(정의) 제5호: "사회복지관" 이란 지역사회를 기반으로 일정한 시설과 전문인력을 갖추고 지역주민의 참여와 협력을 통하여 지역사회의 복지문제를 예방하고 해결하기 위하여 종합적인 복지서비스를 제공하는 시설을 말한다.

③ 「사회복지사업법」 제34조의5(사회복지관의 설치 등) 제1항: 사회복지관은 지역복지증진을 위하여 다음 사업을 실시할 수 있다.
  1. 지역사회의 특성과 지역주민의 복지욕구를 고려한 서비스 제공 사업
  2. **국가·지방자치단체 및 민간 부문의 사회복지서비스를 연계·제공하는 사례관리 사업**
  3. 지역사회 복지공동체 활성화를 위한 복지자원 관리, 주민교육 및 조직화 사업
  4. 그 밖에 복지증진을 위한 사업으로서 지역사회에서 요청하는 사업

10 답 ③

- 「긴급복지지원법」 제5조(긴급지원대상자): 이 법에 따른 지원대상자는 위기상황에 처한 사람으로서 이 법에 따른 지원이 긴급하게 필요한 사람(이하 "긴급지원대상자"라 한다)으로 한다.
- 긴급복지지원법상 지원대상자에 국민기초생활보장 수급권자여야 한다는 조건은 포함되지 않는다.

11 답 ②

✗ 오답체크

ㄷ. 노동의 분화와 역할의 전문화가 고도화된 현대사회에서 그 필요성이 더 증가되는 연대는 **유기적 연대**이다. 기계적 연대는 사회구조가 단순하고 노동이 미분화된 전통사회에서의 특징적인 연대로 동질성에 기반을 둔 강한 결속력을 보이는 특징이 있다.

12 답 ②

면접조사는 우편설문에 비해 응답상황을 통제하기(혹은 구조화하기) 용이하다.

13 답 ④

- UN 아동권리협약에서 규정하는 아동의 4대 권리는 다음과 같다.

생존권	기본적인 삶을 유지할 권리(예 건강, 영양, 주거 등)
발달권	성장과 발달을 위한 권리(예 교육, 여가, 문화생활, 정보 접근 등)
보호권	학대, 착취, 방임 등으로부터 보호받을 권리
참여권	자신의 의견을 표현하고 사회활동에 참여할 권리

- 문제에서 제시된 교육받을 권리, 여가를 즐길 권리, 문화생활과 정보 접근의 권리는 아동의 발달과 성장을 지원하는 권리이므로 발달권에 해당한다.

14 답 ①

노인복지관과 경로당은 둘 다 노인여가복지시설이다.

✗ 오답체크

② 노인요양공동생활가정은 노인의료복지시설이고, 노인공동생활가정은 노인주거복지시설이다.
③ 노인요양시설은 노인의료복지시설이고, 양로시설은 노인주거복지시설이다.
④ 노인복지주택은 노인주거복지시설이고, 주·야간보호서비스는 재가노인복지시설에서 제공하는 서비스이다.

15 답 ④

- '지식기반의 실천 증진'은 **기본적 윤리기준**을 구성하는 요소이다.
- 클라이언트에 대한 윤리기준을 구성하는 요소는 ❶ 클라이언트의 권익옹호, ❷ 클라이언트의 자기 결정권 존중, ❸ 클라이언트의 사생활 보호 및 비밀 보장, ❹ 정보에 입각한 동의, ❺ 기록·정보 관리, ❻ 직업적 경계 유지, ❼ 서비스 종결이다.

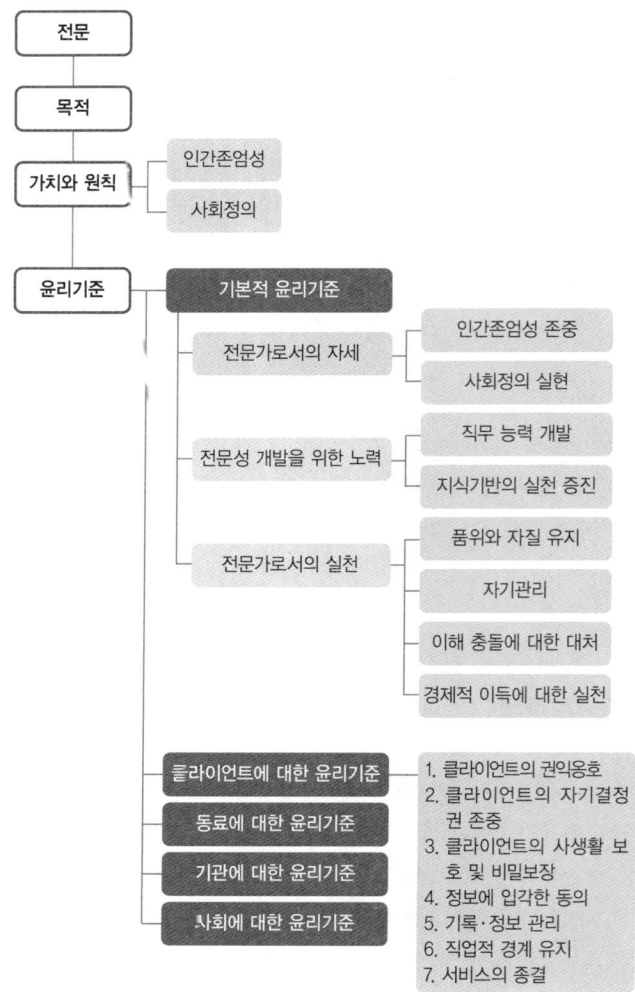

16 답 ③

특정 이론에 기초하지 않고 다양한 이론과 모델을 절충적으로 사용하는 모델은 **과제중심모델**이다. 인지행동모델은 인지이론과 행동주의이론에 기초해 개발된 모델이다.

17 답 ④

비교적 욕구는 유사한 특성을 가진 두 집단이나 지역의 서비스를 비교하여 상대적으로 서비스가 적은 집단이나 지역에 해당 서비스가 더 필요하다고 판단하는 것이다.

✗ 오답체크
① 규범적 욕구는 바람직한 수준에 대해 전문가가 제시한 기준과 실제 상태와의 차이로 욕구를 판단하는 것이다.
② 인지적 욕구는 수요자가 필요하다고 생각하는(체감하는) 욕구이다.
③ 표현적 욕구는 수요자가 구체적인 행위(신청, 대기, 요청 등)로 표현한 욕구이다.

18 답 ①

- 지니계수(Gini coefficient)는 소득불평등 정도를 나타내는 대표적인 지표이다.
- 지니계수의 범위는 0에서 1 사이이며, 0은 완전한 평등(모든 사람이 동일한 소득을 가짐)을 의미하고, 1은 완전한 불평등(한 사람이 모든 소득을 차지하고 나머지는 아무 소득이 없음)을 의미한다. 따라서 지니계수 값이 1에 가까울수록 소득불평등이 더 심함을 의미한다.

✗ 오답체크
② 로렌츠곡선(Lorenz Curve)은 소득분포의 불평등 정도를 시각적으로 보여주는 곡선이다. 45도 대각선은 완전한 평등을 의미하며, 이때 **지니계수는 0**이다.
③ 에스핑-안데르센(G. Esping-Andersen)은 복지국가를 자유주의, 보수주의(조합주의), 사회민주주의로 구분했다. 자유주의 복지국가(예 미국, 영국, 캐나다)는 시장 중심의 복지를 추구하며, 공공복지가 상대적으로 적고 소득불평등이 크다. 이에 반해, 사회민주주의 복지국가(예 스웨덴, 덴마크, 노르웨이)는 보편적 복지 체계를 갖추어 소득불평등이 상대적으로 적다. 따라서 **자유주의 복지국가의 지니계수는 사회민주주의 복지국가보다 높은 경향이 있다.**
④ 5분위배율은 소득 상위 20% 계층의 소득을 소득 하위 20% 계층의 소득으로 나눈 값으로, 이 값이 클수록 상위 계층과 하위 계층 간 소득격차가 커 불평등이 심하다는 의미이다. 이와 달리, 10분위분배율은 소득 하위 40% 계층의 소득을 소득 하위 20%의 소득으로 나눈 값으로, 이 값이 작을수록 하위 계층이 차지하는 소득 비중이 적으므로 불평등이 심하다는 의미이다. 따라서 5분위배율이 높고, 10분위분배율이 낮을수록 **불평등이 심함**을 의미한다.

19 답 ③

사회복지실천은 접수 → 자료수집과 사정 → 계획 → 개입 → 평가와 종결 순으로 진행된다. ㄱ은 사정, ㄴ은 접수, ㄷ은 평가와 종결, ㄹ은 계획 단계에 수행하는 과업이다.

20 답 ①

엘리자베스 구빈법(1601)에서는 노동능력에 따라 빈민을 구분한 후, 노동능력이 있는 빈민은 교정원이나 작업장에서 강제 노동을 하게하고, 노동능력이 없는 빈민은 자선원이나 구빈원에서 구제를 하였으며, 요보호빈곤아동은 강제로 도제로 보냈다.

✗ 오답체크
② 중앙정부에 구빈위원회를 설치하여 전국의 구빈 처우 수준을 통일하도록 한 법은 지방분권적 기존의 구빈행정을

중앙집권화한 **개정구빈법(신빈민법, 1834)**이다.
③ 엘리자베스 구빈법이 국가의 구빈 책임을 처음으로 천명한 것은 맞지만, 열등처우의 원칙을 처음으로 확립한 법은 **개정구빈법(신빈민법, 1834)**이다.
④ 교구연합 단위의 구빈행정 체계를 조직화하고 작업장 노동의 비인도적인 처우 문제를 개선하고자 한 구빈법은 **길버트법(1782)**이다.

봉투모의고사 제10회 정답 및 해설

1	2	3	4	5	6	7	8	9	10	11	12	13	14	15	16	17	18	19	20
①	④	②	④	①	③	③	④	④	②	②	②	③	②	①	④	②	①	③	④

1 답 ①
비용의 효율성은 보편주의가 아니라 선별주의 원칙을 적용할 때 더 높다.

2 답 ④
본인과 그 배우자가 모두 기초연금 수급권자이면 각각의 기초연금액에서 기초연금액의 **20%를 감액**한다.

3 답 ②
항상성(homeostasis)은 체계가 변화를 겪었을 때 원래의 균형상태를 다시 회복하려는 경향을 말한다. 문제에서 제시한 것처럼 가족체계가 외부나 내부의 변화에 직면했을 때, 기존의 방식으로 돌아가려는 경향을 설명하는 개념은 항상성에 해당한다.

✗ 오답체크
① 홀론(holon)은 부분성과 전체성이 동시에 존재하는 체계의 특징을 나타내는 개념이다.
③ 안정 상태(steady state)는 체계가 체계 내·외부의 변화에 맞춰 역동적으로 체계의 구조를 변경해가면서 새로운 균형을 유지해나가는 특징을 나타내는 개념이다.
④ 엔트로피(entropy)는 체계 내에 무질서와 혼란이 가중되고 유용하지 않은 에너지가 증가하는 폐쇄체계의 속성을 나타내는 개념이다.

4 답 ④
사회서비스 전자바우처는 서비스 수요자에게 상품을 이용할 수 있는 구매력을 제공하는 형태로, 정책의 목적이나 취지에 따라 선택권을 조정하거나 통제할 수 있다(즉, 구매하는 상품의 종류, 양, 범위 등에 대한 제한이 가능하다). 그리고 이용의 합리성을 제고하기 위해 **일부 자부담(본인부담금)이 있을 수 있다.**

5 답 ①
청소년쉼터처럼 시설 이름에 '쉼터'가 들어가면 생활시설이다. 그리고 청소년쉼터를 포함하여 청소년치료재활센터, 청소년회복지원시설, 청소년자립지원관 등의 청소년복지시설은 모두 생활시설이다.

✗ 오답체크
② 장애인복지관, 노인복지관, 사회복지관처럼 시설 이름에 '복지관'이 들어가면 이용시설이다.
③ 지역아동센터는 이용시설이다. 시설명이 '센터'로 끝나는 사회복지시설 중 청소년치료재활센터만 생활시설이고 나머지는 이용시설이다.
④ 재가노인복지시설은 이용시설이다. 시설 이름에 '재가'가 들어가면 이용시설이다.

6 답 ③
사회복지서비스 전달체계의 원칙에는 평등성, 지속성, 적절성, 접근성(편의성, 활용성), 포괄성, 통합성, 책임성 등이 포함되며, ③은 이 중 접근성 원칙에 해당한다.

7 답 ③
- 욕구위계를 하위 욕구부터 순서대로 나열하면 생리적 욕구, 안전의 욕구, 소속과 사랑의 욕구, 존경의 욕구, 자아실현의 욕구 순이다.
- 하위 욕구일수록 욕구 강도가 강하고 충족 비율이 높다. 소속과 사랑의 욕구는 존경의 욕구보다 하위 욕구이므로 욕구 강도가 더 강하고 충족 비율이 더 높다.

✗ 오답체크
① **생리적 욕구**는 욕구의 강도가 가장 강하다.
② 자신의 잠재력을 발휘하고자 하는 욕구는 **자아실현의 욕구**에 해당한다.
④ **자아실현의 욕구는 성장욕구**이고, 나머지 욕구는 결핍욕구이다. 성장욕구는 욕구가 충족되어도 **욕구 충족에 대한 동기가 계속 지속되거나 더 강해지지만**, 결핍욕구는 욕구가 충족되면 다시 결핍될 때까지 이를 충족하고자 하는 동기가 약해진다.

8 답 ④
ㄷ. 프로그램평가검토기법(PERT)은 과업별 소요시간을 계산하여 추정하고, 전체 과업들 간 최적의 시간경로를 파악한다.
ㄹ. 총괄진행표(Flow Chart)는 프로그램 제공과정을 시작부터 종료까지 한눈에 볼 수 있게 보여준다.

✗ 오답체크

ㄱ. 방침관리기획(breakthrough planning)은 **계획(Plan)-실행(Do)-확인(Check)-조정(Act)**의 순환적 과정으로 이루어진다.

ㄴ. 시간별 활동계획도표(Gantt Chart)는 작업(활동)별 진행기간을 막대그래프로 도표화한 것으로, 작업 간의 연결성에 대한 파악이 어렵다는 단점이 있다. 목표달성 기한을 정해놓고 목표달성을 위해 설정된 주요활동과 시간계획을 연결시켜 도표로 나타낸 것은 **프로그램평가검토기법(PERT)**이다.

9 답 ④

베버리지 보고서는 국민최저선(national minimum)을 설정하여 국민 누구도 그보다 못한 삶의 수준에 처하지 않도록 해야 한다고 주장하였고, 이러한 국민최저선의 보장을 위해 사회보장에서 가장 중요한 것이 바로 '**사회보험**'이라고 보았다.

10 답 ②

ㄷ. 마르크스주의는 사회복지를 확대하더라도 자본주의의 근본적 모순은 극복할 수 없다고 본다.

ㄹ. 신우파(반집합주의)는 사회복지정책의 확대가 경제적 비효율성과 근로동기의 약화를 초래했다고 비판한다.

✗ 오답체크

ㄱ. 자유, 불평등, 개인주의를 핵심 가치로 하는 이념은 **반집합주의(신우파)**이다.

ㄴ. 사회 안정과 질서 유지를 위해 실용적인 차원에서 복지국가 어느 정도는 필요하다고 보아 제한적으로 지지하는 이념은 **중도파(소극적 집합주의)**이다.

11 답 ②

①은 명료화, ②는 공감, ③은 해석, ④는 재명명(재구성 혹은 재정의) 기법에 해당한다.

12 답 ②

ㄷ. 공공재를 증진시킬 의무가 개인의 완전한 재산관리권에 우선한다(아래 6번 참고).

리머(Reamer)의 윤리적 의사결정 지침

1. 인간행위의 필수적 전제조건(생명, 건강, 음식, 주거, 정신적 균형)에 대한 기본적인 위해를 막는 규칙은 거짓말을 하거나 비밀정보를 누설하거나 오락, 교육, 재산과 같은 부가재를 위협하는 것과 같은 위해를 막는 규칙에 우선한다.
2. 개인의 기본적 복지권(인간행위의 필수적인 조건 포함)은 타인의 자기결정권에 우선한다.
3. 개인의 자기결정권은 그 자신의 기본적 복지권에 우선한다.
4. 자발적이고 자유롭게 동의한 법률, 규칙, 규정을 준수해야 하는 의무는 이들 법률, 규칙, 규정과 갈등을 일으키는 방식으로 행동하는 개인의 권리에 통상적으로 우선한다.
5. 개인의 복지권은 그와 갈등을 일으키는 법률, 규칙, 규정 및 자원단체들의 협정에 우선한다.
6. 기아와 같은 기본적 위해를 예방하고 주택, 교육, 공공부조와 같은 공공재를 증진시킬 의무는 개인의 완전한 재산관리권에 우선한다.

---

13 답 ③

지역사회개발모델에서는 권력구조의 구성원도 지역사회 향상을 위해 공동의 노력을 기울이는 협력자라고 본다. 권력구조를 고용주와 후원자로 간주하는 모델은 **사회계획모델**이다.

14 답 ②

- 크리밍(creaming)은 사회복지조직이 성과를 극대화하기 위해 비교적 성공 가능성이 높은 클라이언트를 선별하여 서비스를 제공하는 현상을 말한다. 예를 들어, 취업 지원 프로그램에서 고학력·경력자 위주로 선별하여 서비스를 제공하는 경우를 들 수 있다.
- 기준행동(criterion behavior)은 조직이 본래의 목표보다 성과평가 지표 관리에 치중하는 현상을 말한다. 성과 평가에서 양적인 지표(예 처리 건수, 만족도 점수, 통계수치 등)를 강조할 경우, 서비스의 실질적인 효과나 질적인 향상보다는 성과 지표의 수치를 맞추는 데 집중하는 기준행동 문제가 발생할 수 있다.

✗ 오답체크

- 레드테이프(red tape)는 불필요한 절차나 행정적 형식주의를 뜻한다.
- 매너리즘(mannerism)은 형식적인 업무 처리나 반복적인 행태를 뜻한다.

15 답 ①

노인장기요양보험제도의 재가급여와 시설급여는 **현물급여**에 해당한다.

16 답 ④

자폐성장애는 정신적 장애에 해당하지만, **뇌병변장애는 신체적 장애**(외부 신체기능의 장애)에 해당한다.

장애인복지법상 장애 유형

신체적 장애	외부 신체기능의 장애	시각장애, 청각장애, 안면장애, 언어장애, 지체장애, 뇌병변장애
	내부기관의 장애	심장장애, 신장장애, 간장애, 호흡기장애, 장루·요루장애, 뇌전증장애
정신적 장애	발달장애	지적장애, 자폐성장애
	정신장애	정신장애(조현병, 조현정동장애, 양극성정동장애, 재발성우울장애)

17 답 ②

판사는 아동학대 사건에 대한 재판을 담당하며, 아동학대전담공무원과 경찰관은 아동학대 신고접수 업무를 담당한다. 이들은 아동학대 신고의무자에 해당하지 않는다. 사회복지전담공무원은 아동학대 신고의무자이자, 장애인학대, 노인학대, 가정폭력 등에 대한 신고의무자이기도 하다.

18 답 ①

학교사회복지사가 개별학생의 문제해결에 초점을 두고 상담자 역할을 주로 하는 학교사회복지실천모델은 전통적 임상모델이다.

학교사회복지실천모델별 핵심 개요

전통적 임상모델	• 학생이나 가족 상담을 통해 의뢰학생의 문제를 해결하는 학교사회복지사의 전문성 강조 • 개별 학생이나 가족에 초점
학교변화모델	• 학교의 역기능적 규범과 제도 변화에 초점
지역사회-학교 모델	• 지역사회와 학교의 상호이해 증진과 협력에 초점 • 지역사회와 학교 사이의 유기적인 협력시스템 구축 강조
사회적 상호작용모델	• 학생과 다양한 체계 간 상호작용상의 문제에 초점
학교-지역사회-학생 관계모델	• 유사한 상황에 처한 학생들의 독특한 특성이 학교, 지역사회 조건과 상호작용하여 문제를 유발한다고 봄 • 학교사회복지사 : 프로그램 기획자 역할 수행, 다학문적 팀을 구성하여 팀으로 접근

19 답 ③

윤리강령은 법적인 책임을 면하게 해주는 것이 아니라, 윤리적 기준에 따라 사회복지사의 역할을 정의하고, 사회복지사가 보다 윤리적으로 실천할 수 있도록 지침을 제공하는 역할을 한다. 법적 책임을 회피하거나 면제하는 것과는 관계가 없다.

> **한국 사회복지사 윤리강령에서 명시하고 있는 윤리강령의 목적**
> 1. 윤리강령은 사회복지 전문직의 사명과 사회복지 실천의 기반이 되는 **핵심 가치를 제시**한다.
> 2. 윤리강령은 사회복지 전문직의 핵심 가치를 실현하기 위한 **윤리적 원칙을 제시**하고, 사회복지 실천의 지침으로 사용될 **윤리기준을 제시**한다.
> 3. 윤리강령은 사회복지 실천 현장에서 발생하는 윤리적 갈등 상황에서 의사 결정에 필요한 사항을 확인하고 판단하는 데 필요한 **윤리기준을 제시**한다.
> 4. 윤리강령은 사회복지사가 **전문가로서 품위와 자질**을 유지하고, 자기관리를 통해 **클라이언트를 보호**할 수 있도록 안내한다.
> 5. 윤리강령은 사회복지의 **전문성을 확보**하고 **외부 통제로부터 전문직을 보호**할 수 있는 기준을 제공한다.
> 6. 윤리강령은 시민에게 전문가로서 **사회복지사의 역할과 태도를 알리는 수단**으로 적용한다.

20 답 ④

"정신건강증진시설"이란 정신의료기관, 정신요양시설 및 정신재활시설을 말하며, 정신병원은 이 중 정신의료기관에 속한다. 따라서 정신병원은 정신건강증진시설에 포함된다.

지은이 김유경

서울대학교 사회복지학 석·박사

서울대학교, 세종대학교, 서울시립대학교, 경기대학교,
　　서울사이버대학교, 평택대학교 등 다수 대학에서 강의

공감 사회복지사 1급 수험서 집필 및 유튜브 강의

현　공단기·모두공 사회복지학 대표강사
　　　세종대학교 강사
　　　사회복지법인 자광재단 이사

전　광진복지재단(연구원), 노숙인다시서기지원센터(과장),
　　　서울대학교 사회복지연구소(선임연구원)

2025년 사회복지직 공무원시험 대비
김유경 사회복지학개론
봉투모의고사 10회분

1판 1쇄 발행　2025년 4월 25일

지은이　김유경
펴낸이　김동근
펴낸곳　**지식터**

등　록　2022년 10월 19일 (등록번호 제2022-000170호)
주　소　경기도 고양시 일산동구 정발산로 42번길60 437호 (장항동, 웨스턴835)
전　화　031-811-8500
팩　스　031-811-8600
이메일　jster22@naver.com
홈페이지　www.jster22.com
ISBN　979-11-94795-20-9 (13330)

값 20,000원
잘못된 책은 구입처에서 바꾸어 드립니다.
무단 전재와 복제를 금합니다.